성령, 계시와 혁명적 사건

HOLY SPIRIT
Revelation & Revolution
Copyright ⓒ E-R Productions LLC 2007
All rights reserved.
Originally Published by E-R Productions
Korean translation Copyright ⓒ 2010 by Seorosarang Publishing

성령, 계시와 혁명적 사건

1판 1쇄 발행 _ 2010년 7월 27일

지은이 _ 라인하르트 본케
옮긴이 _ 박홍래

펴낸이 _ 이상준
펴낸곳 _ 서로사랑(알파코리아 출판 사역기관)

편집 _ 이소연, 박미선
영업 _ 장완철
이메일 _ publication@alphakorea.org

사역/행정 _ 이정자, 윤종화, 주민순, 엄지일
이메일 _ sarang@alphakorea.org

등록번호 _ 제21-657-1
등록일자 _ 1994년 10월 31일

주소 _ 서울시 서초구 방배1동 918-3 완원빌딩 1층
전화 _ (02)586-9211~4 팩스 _ (02)586-9215
홈페이지 _ www.alphakorea.org

ⓒ서로사랑 2010
ISBN _ 978-89-8471-256-0 03230

* 이 책은 서로사랑이 저작권자와의 계약에 따라 발행한 것이므로
  본사의 허락 없이는 어떠한 형태나 수단으로도 이 책의 내용을 이용하지 못합니다.
* 잘못된 책은 바꿔 드립니다.
* 가격은 뒤표지에 있습니다.

성령, 계시와 혁명적 사건

HOLY SPIRIT
Revelation & Revolution

라인하르트 본케 지음 / 박홍래 옮김

서로사랑

차례

신앙고백
서문

CHAPTER 1   성령은 누구신가?_ 17

CHAPTER 2   성령과 그분의 탁월한 사역_ 27

CHAPTER 3   놀라운 은혜와 성령_ 33

CHAPTER 4   성령 세례_ 43

CHAPTER 5   "유쾌하게 되는 날이 주 앞으로부터 이를 것이요"_ 63

CHAPTER 6   성령의 불과 열정_ 69

CHAPTER 7   성령 운동에 대한 이야기_ 83

CHAPTER 8   보혜사_ 89

CHAPTER 9   그리스도의 영_ 117

CHAPTER 10   방언_ 131

CHAPTER 11 새로운 만남_ 155

CHAPTER 12 성령이 역사하실 때_ 165

CHAPTER 13 성령 안에서 행함_ 179

CHAPTER 14 성령의 은사를 더욱 사모하라?_ 193

CHAPTER 15 은사란 무엇인가?_ 207

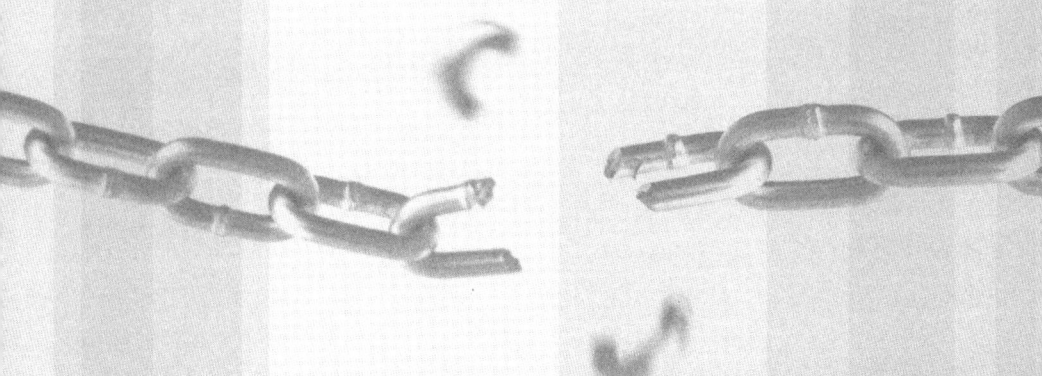

신앙고백

하나님께서는 이 세상에 자신의 성령, 분명한 능력 그리고 가장 위대한 비과학적인 능력을 부으신다.

성령은 창조주이시고, 온 우주를 지키시는 분이며, 그분의 특별한 관심과 책임은 이 세상이다.

성부에 의해 보내진 성령은 믿는 자 모두에게 자신을 나누어 주신다. 인간은 아무도 성령을 나누어 줄 수 없다. 그분은 인격적인 존재지 상품이 아니시다. 우리는 창조주에게 명령할 수 없다.

성령 세례는 육신적이며 또한 영적이다. 성령은 '내주' 하시고 우리에게 성령의 능력이 영원하다는 확신으로 성령의 끊임없는 임재를 알게 하신다.

성령은 사랑의 시작과 근원인 사랑의 영이시다. 우리의 위대한 자산이며, 기적보다 더 능력 있는 사랑은 성령에 의해 우리의 마음에 부어진다.

성령은 기독교의 실체다. 성령이 없는 그리스도인이란 무능하고 불가능하다. 그분은 본질이고, 신앙의 비밀스런 힘이며, 그 힘을 작동시키는 에너지다.

성령은 영(pneuma)이고, 몰아치는 바람이고, 항상 활동적이다. 잠잠한 바람이란 없듯이 잠잠한 성령도 없다. 만일 우리가 성령을 받았다고 주장한다면 우리는 그분과 함께 행해야 하고 그 단계가 되어야 한다. 그분의 유일한 도구는 믿는 자들이다.

성령은 모든 것을 만드시고 사람들과 함께 유지하신다. 그분은 기적이 없이는 세상을 돌보실 수 없다. 기적을 부인하는 것은 창조주의 권한을 부인하는 것이다.

서문

100년 전에 성령의 새로운 시대가 싹트기 시작했다. 그 이후 새로운 힘이 수억 명의 삶에 생기를 불어넣었다. 전 세계에 영향을 끼치기까지는 시간이 걸렸다. 그러나 얼마나 놀라운 영향력인가! 이것은 역사상 가장 중요한 현상이다.

영국의 복음적 잡지인 〈IDEA〉[1]는 런던경제학교의 사회학 명예교수인 데이비드 마틴(David Martin)의 말을 인용했다. 그는 지난 100년의 성령 운동을 말하면서, "기독교가 가장 극적인 부흥을 한 100년"이라고 최근에 결론을 내렸다. 하버드대학 신학교수인 하비 콕스(Harvey Cox)는 이것을 "21세기 종교의 새로운 형태를 만드는 것"[2]이라고 했다.

더 놀라운 진보는 이전의 1,900년간보다 1900년 이후에 성령 신학을 이해하게 되었다는 주장이다. 이것은 과언이 아니다. 성령이 하나님을 계시하지 않으시면 우리는 하나님에 대해 알 수 없다. 예수님은 성령이 자신에 대해 말하지 않고 아들에 대해 말한다고 말씀하셨다:

---

[1] 〈IDEA〉, 2006년 7~8월호, '예루살렘에서 아주사 거리까지' (from Jerusalem to Azusa Street)
[2] 하비 콕스(Harvey Cox), 「21세기 종교의 새로운 형태」(The Reshaping of Religion in the 21stCentury), 다카포출판사(dacapoPress), 1995년 하비 콕스

"진리의 성령이 오시면 그가 너희를 모든 진리 가운데로 인도하시리니 그가 자의로 말하지 않고 오직 듣는 것을 말하시며 장래 일을 너희에게 알리시리라 그가 내 영광을 나타내리니 내 것을 가지고 너희에게 알리겠음이니라"(요 16:13~14).

성령에 대한 고조된 관심은 학자들을 만들어 내기는 했지만 알려지지 않은 믿음의 사람들과 그렇지 않은 학자들 사이에 분파가 생겨났다. 보잘것없는 사람들, 기독교의 중심부에서 떨어져 성령 충만한 사람들, 그런 사람들은 예상했듯이 의심을 받게 되었다. 그들은 단지 체험만 했을 뿐 신학이 없었기 때문에 신뢰할 수 없고 정직하지 않은 교회의 사람들이라는 결과를 초래했다.

하지만 만일 교회가 성령 신학을 요구했다면, 왜 사람들은 그것을 제공하지 못했을까? 예수님의 승천에 대한 교회의 신학은 어디에 있었을까? 성령의 역사에 대한 지침은 어디에 있었을까? 마치 성령, 기적, 기독교가 의심스럽게 보이는 것처럼, 신약성경의 기준과 원형인 믿음은 결코 다시 볼 수 없다고 예상되었다. 신약성경에서 역사하는 성령과 함께 종교는 다시 한 번 흔한 체험이 되어야 한다.

그러나 1세기의 기독교가 어떤 모습이었는지, 오순절 날 120명의 제자들은 어떠했는지 여전히 상상하는 사람이 있을까? 한편 오늘날 전 세계에는 사도 시대의 반복이라고 자신의 체험을 말하는 수억 명의 사람들이 있다. 오늘날 성령의 세계적인 영향은 전에는 사람들의 상상 저편에 있지만 그 영향은 명백하게 실재하고 무시할 수 없다.

우리는 하나님에 대해 항상 배워야 한다. 이것은 우리의 영원한 기쁨 중 하나가 될 것이다. 예수님께서는 성령이 우리를 모든 진리 가운데로 인도하실 것을 약속하셨다. 성령은 스위스 산속에 버려진 한 개의 총알과 같이 진리의 무리 속에 우리를 버리지 않으시고 우리를 인도하신다. 예수님은 제자들에게 말할 것이 많지만 아직 그들이 준비되지 않았다고 말씀하셨다. 이사야는 하나님께서 사람들을 가르치셔야 한다고 말했다: "교훈에 교훈을 더하며 교훈에 교훈을 더하되 여기서도 조금, 저기서도 조금 하는구나"(사 28:10).

오늘날 우리는 성령에 대해 훨씬 더 많은 것을 배우고 있다. 최초의 '발견자들'(discoverers) 그룹은 1906년 아주사 거리(Azusa Street)의 반쯤 불타서 무너진 미션 홀로부터 유럽에 도달한 빛으로 반짝였다. 그들은 그들의 교회에서 성령에 대해 배운 것이 거의 없었고 확실히 학식도 없었다. 그래서 그들은 독학하기 위해 성경을 집어 들었다. 학문은 하나님과 산책하는 데 필요하지 않다. 성령 세례를 받은 아버지들은 한 세기가 지난 오늘도 여전히 중요한 몇 가지 기본적인 가르침을 우리에게 전했다. 다니엘은 "지식이 증가하리라"(단 12:4, NKJV)고 말했고, 확실히 시간이 지남에 따라 이해의 폭이 넓어지고 있다. 성경의 계시는 교회의 일반적인 교리가 될 때 비로소 아주 서서히 스며든다. 진리가 일반적인 믿음으로 통용되기까지는 수십 년, 수 세기가 걸릴지도 모른다. 우리는 수 세기에 걸친 교회 역사를 되돌아볼 때 그것을 알 수 있다.

이 책에서 말하는 것들이 많은 사람들에게 새로운 통찰력을 줄 것 같다. 이것들은 하찮은 내용이 아니다. 성경적인 진리이고, 그렇기 때문에 매우 강력하다. 시편 기자가 남겨두기로 했던 "내가 큰 일과 미치지 못할 기이한 일"(시 131:1)이 아니다. 불행하게도 성경의 모든 것들이 이런 범주에 속해 있다고 생각하는 사람들이 우리 주위에 많이 있다. 찰스 스펄전(Charles Spurgeon)은 말하기를, 과장된 어떤 교사들은 예수님이 "내 기린을 먹이라"라고 말씀하신 것처럼 말씀의 양식이 평범한 피조물이 다가가기에는 너무 멀리 놓여 있다고 생각한다. 이 책의 모든 장들은 '그리스도 안의 영적 어린아이'를 포함하여 모든 사람들에게 적합한 음식이다. 사도 바울은 아테네의 이방인들이 진리가 아니라 철학적으로 새로운 것들에 굶주려 있고, 아레오바고 학회는 그것들을 검토하기 위해 존재한다고 했다. 예수님께서는 다른 생각을 갖고 계셨다: "그러므로 천국의 제자된 서기관마다 마치 새것과 옛것을 그 곳간에서 내어오는 집주인과 같으니라"(마 13:52). 우리는 배우는 데 느리고 매일 새 신발을 신고 뛰지는 못하지만 하나님과 화합하여 함께 온전히 동행할 수 있다.

성령으로 충만한 교회들은 금세기에 엄청난 변화를 경험했지만 하나님의 말씀은 여전히 평면도이다. 성령 충만한 초기의 사람들은 폭풍우를 통과하며 살았다. 그들을 만든 것은 말씀이었다. 말씀은 그들의 삶을 건축한 흔들리지 않는 반석이었고, 그것이 단지 혼자만의 경험이 아니라는 것을 이 책은 보여 줄 것이다. 그리스도인들의 기초를 든든하게 만들고 새 생명의 증거를 제공하도록 가르치는 사람들의 책임은 살아 있는 말씀에 의해서 생겨난다.

풀러신학교(Fuller College)의 한 교수는 성령의 부흥이란 "기독교의 모든 가르침에서 지적으로 깊이 있게 증가하는 것이다"라고 말했다. 모든 중요한 교리에 깊이를 더하시는 분은 성령이다. 혁명적인 사건의 비밀이 드러났다. 복음은 영혼을 위한 것인 것처럼 육신을 위한 것이기도 하다. 하나님께서는 이 땅에서 역사하고 계시고 하늘에도 계신다. 우리는 성령이 진실로 누구신지 이제는 안다. 그분은 이 땅에서 하나님의 사역을 하는 대리자이시다.

물론 항상 비주류의 사람들과, 지혜자가 아닌 질투하는 사람들과, 더 높은 차원의 개인적 계시를 선포하는 오만한 사람들과, 그들이 말하는 것은 무엇이나 하나님이 틀림없이 행하신다는 성령의 보증을 받았다는 사람들은 있다. 새로운 계획, 만병통치약, 술책, 부흥 운동자, 즉각적인 교회 부흥, 교회 성장의 '비결들'이 마치 전능자로부터 비롯된 것처럼 개인적인 가르침과 직접적인 지시와 함께 생산 벨트처럼 우리에게 온다. 그러나 극단론자는 우리의 역할 모델이 될 수 없다.

오늘도 수천만의 사람들이 성령 충만하며, 강렬한 욕구는 가르침을 필요로 한다. 성령 체험은 놀라운 것이지만 우리는 성장해야 한다. 나는 신뢰할 만한 권위에 의해 최신식으로 인도받기를 갈망했다. 그래서 믿는 자들이 수용할 수 있는 관습과 규범을 말씀에서 볼 수 있었다. 이 작은 책자는 이런 지침을 시도한다. 우리의 전도 캠페인에 참가한 많은 사람들은 이런 인도가 시급하다.

나는 평판이 좋은 그리스도인 학자들의 지원을 받아 이 책을 출판했다. 영국인 친구 조지 캔티(George Canty)는 이런 책을 원했기에 이 일에 동참했다. 우리가 함께 동일한 것을 추구한다는 사실을 나는 우연한 것으로 보지 않는다. 우리는 하나님이 의도하신 것으로 받아들였다. 조지 캔티는 유일하게 자격을 갖춘 사람이고, 1926년 이후 오랫동안 사도행전 2장의 역사를 경험해 왔다. 오늘도 여전히 성령의 능력을 이끌어 내며 광범위하고 활동적으로 복음을 전파한다. 그는 분명하고 창의성이 풍부한 마음을 가진 성경 신학자다.

성령은 영감의 영이다. 원하건대 본서의 각 장은 오직 하나의 결과와 모든 사람이 즐길 수 있는 말로 쓰였기 바란다. 이 책은 모든 사람들이 아는 것들의 재탕도 아니고 '편안한 내용'을 과장하여 질질 끌지도 않는다. 이것은 성경 본래의 가르침이며 신선한 가르침이다. 나는 이 책에 하나님께서 기름 부으시기를 간구하며, 위대한 해석자이신 성령이 모든 독자들의 마음과 생각에 기름 부으시기를 간구한다.

간증

소년 시절 나는 매일 빵보다 성령 세례를 간절히 원했다. 아버지는 마침내 유명한 설교자가 예배를 인도하는 곳으로 나를 데려갔다. 내 주위에는 아무도 없었는데, 그곳에서 나는 마치 하늘이 내 영혼 속에 가득 채워지는 것 같은 느낌을 경험했다. 하나님으로 가득 채워졌을 때 나는 방언을 하고 있는 나 자신을 발견했다. 영적인 본능이 내 속에서 잉태됐고, 나를 자극하고, 영감을 주고, 나를 인도했다. 나는 하나님의 임재를 위해 기도할 필요가 없었다. 나는 그분을 구하지 않았다. 나는 단지 그분의 약속을 적용했을 뿐이다. 우리는 그분의 성전이다. 그분은 우리가 있는 곳에 계시며, 나를 떠나거나 나를 버리지 않으신다. 하나님의 영은 그분의 기적을 이루신다.

성령은

우리의 가장 좋은 것을 위해서

그리고 가장 나쁜 것을 위해서 오셨다.

성부의 약속대로 성자께서 보내셨다.

이 얼마나 놀라운 선물인가!

CHAPTER 1

성령은 누구신가?

대부분의 교회사에서 성령은 단지 이름뿐인 존재였다. 이 장의 제목으로 사용된 질문에 대한 즉각적인 대답은 성령은 이 땅에서 역사하시는 하나님이시라는 것이다.

수 세기 동안 '성신'(Holy Ghost)에 대한 생각은 말 그대로 거룩한 유령(holy ghost)이었고 이는 신성한 향기나 중세 교회의 느릿느릿한 분위기를 의미하는 것으로 생각했다. 삼위일체 하나님의 삼위인 전능하신 분이 단지 신비한 대성당의 분위기로 알려진 듯하다. 이것은 완전한 평가절하다!

성령에 대해 말하기 위해 우리는 먼저 그분의 정체성을 알아야 한다. 그분은 오순절의 능력이다. 그분은 교회를 시작하셨다. 우리는 언제 어디서 교회가 시작되었는지를 분명히 지적할 수 있다. A.D. 29년, 예수님이 십자가에 못 박히시고 난 50일 후에 연례적인 유대인의 절기가 있었는데 이를 오순절이라고 부른다. 그날 아침 성령은 달콤한 영향력이 아닌 말 그대로 허리케인 같은 실체를 이 세상에 드러내셨다. 그분은 120명의 제자들에게 방언을 말하는 기적을 행하심으로 자신의 도착을 알리셨다. 이 시끄러운 등장은 1세기 그리스도인들을 끌어당겼다.

그분은 신령한 것들을 증명하기 위해 오신 것도, 사람들이 나이가 들었을 때 회상하는 일회성인 체험을 제공하기 위해 오신 것도 아니셨다. 제자들은 대담해졌다. 그들은 소심함을 내던지고 세상에 맞섰다. 당신이 어느 곳을 보았든지 간에 사람들은 수천 년 동안 미신과 전통에 얽매여 살아왔다. A.D. 29년 당시 변방에 불과한 지역에 살았던 사람들이 자신의 역량보다 더 위대하게 되어서 마귀와 세상과 역사 자체에 맞설 준비가 되었다. 유명한 복음 전도자인 스미스 위글스워스(Smith Wigglesworth)는 사도행전은 사도들이 행동했기 때문에 기록된 것이라고 말했다.

이것은 그리스도가 약속하신 새로운 삶의 원천이었다. 그분은 승천하신 후 성령의 은사를 증거로 보내 주셨다. 하늘 보좌 우편에 앉아 계신 예수님께서 세상에 물질적인 증거를 보여 주셨다. 제자들은 이 세상에 전에는 결코 알려지지 않았던 어떤 일들을 경험했다.

이와 같은 명백한 경험에도 불구하고 사도들의 기억이 희미해져감에 따라 성령도 다소간 희미한 존재가 되어 갔다. 사람들은 예수님을 기억했고 그분의 모든 사역도 기억했다. 시간이 지남에 따라 예수님에 대한 위대한 기독교 신앙고백, 즉 사도신경이 선언되었다. 이 사도신경은 수백만의 그리스도인들이 매 주일마다 암송하고 있다. 그런데 이 신앙고백에서 성령에 대한 고백은 지나가는 구절, 즉 "성령을 믿사오며"라는 고백만이 있을 뿐이다. 우리는 누가 이 신앙고백을 작성했는지 정확히는 모르지만 사도들에 의한 것은 분명히 아닌 것 같다. 누가 이것을 작성했든 간에 최초의 사도들만큼 성령과 사역에서 그분의 역할에 대해 인식하지 못한 것은 분명하다.[1]

글로스터의 전임 주교인 아서 헤드람(Arthur Headlam) 박사는 그의 주석에서 성령의 은사가 무엇이며 초대 교회에서 어떻게 역사했는지 이해하지 못하고 있다고 말하고 있다. 그러나 바울은 갈라디아 사람들에게 편지하기를 성령 체험은 일상적인 삶에서 정상적인 것이라고 했다: "우리가 성령으로 살면"(갈 5:25). 위대한 성경 번역가인 J. B. 라이트푸트(J. B. Lightfoot)는 성령에 대해 잘 알지는 못하지만 성령에 의해 살아간다는 것은 "실제적인 삶보다 더 이상적인 것이다"라고 말했다. 이런 견해는 19세기 후반에 수용되는 것처럼 보였

> 성령은 이 땅에서 역사하시는 하나님이시다.

---

[1] 성령은 매우 중요한 니케아신경(Nicene Creed, A.D. 325년)에서 최초로 언급되었다. 콘스탄티노플공의회(The Council of Constantinople, A.D. 553년)에서 그분은 주님이시고, 생명을 주시는 분이고, 성부와 성자로부터 오셨고, 성부와 성자와 함께 경배와 영광을 받으실 분이라고 덧붙였다. 톨레도공의회(The Council of Toledo, A.D. 589년)에서 성령은 역사하시는 분이 아니라 단지 성부와 성자로부터 왔다고 성령에 대해 언급했다. 두 번째 콘스탄티노플공의회에서는 성령을 단지 한 번 말했고, 세 번째 공의회신앙선언문(Council Statement of Faith)에서는 성령에 대해 언급하지 않았다. 제28차 루터교 신앙논문과 선언문(The 28 Lutheran Articles of Faith and Doctrine)에서도 성령에 대해 자세하게 말하고 있지 않다. 제25차 오렌지공의회규범(The 25 Canons of the Council of Orange)에서는 성령에 대해 언급하지 않았고 '은혜'로 성령이 역사한다고 간주했다.

다. 성령의 실존은 사람들의 눈에서 멀어져 갔다.

성령은 하나님이시다. 하나님은 멀리 계신 분이 아니다. 이것은 그분의 의도가 결코 아니다. 우리는 하나님과 예수님을 알고 있는 것처럼 성령을 알아야만 한다. 아버지와 아들 모두 하나님이시지만 구분할 수 있다. 우리는 성부와 성자의 역할을 인식한다. 그렇다면 성령의 역할과 두드러진 특징은 무엇인가?

> 성령은 이 땅에서 역사하시는 삼위일체 중 삼위이시다. 천국 밖인 이곳에서 하나님께서 역사하시는 모든 것은 성령에 의한 것이다.

성령은 이 땅에서 역사하시는 삼위일체 중 삼위시다. 천국 밖인 이곳에서 하나님께서 역사하시는 모든 것은 성령에 의한 것이다. 그리스도인들이 체험하는 모든 것들, 곧 용서, 기도 응답, 확신, 기쁨, 치유, 이적들은 성령에 의해 하나님께서 이루시는 사역들이다. 우리는 신약에서 성령이 누구신지를 배운다. 예를 들면, 사도행전 전체를 '성령행전'이라고 불렀다.

하나님께서는 기초적인 성경의 진리를 통해 말이 아니라 행동으로 성령이 누구신지를 보여 주셨다. 성령은 활동하는 분이시다. 그분은 하늘에서 부는 바람과 같이 항상 움직이거나 나타나지 않거나 하신다. 만일 우리가 성령을 알고 있다면 우리는 하나님을 알고 예수님을 아는 것처럼 그분의 모든 것을 알 수 있을 것이다.

성령은 예수님께서 약속하신 놀라운 능력이시다. 전에는 성령이 올바르게 알려지지 않았다. 첫 사도들은 새로운 가능성에 대해서 배울 필요가 있었다. 사도행전은 성령에 대한 사도들의 탐구 이야기다.

예수님께서 파송한 제자들은 불가능한 임무를 성취하고, 이방 세계에 복음을 전파하며, 어둠이 짙은 세상에 빛을 발산하기 위해 보내졌다. 그들은 단지 어부들과 농부였지만 성령은 그들을 약 2,000년이 지난 지금도 명예로운 영적인 거인들로 만드셨다. 이분이 오순절의 하나님이며 역사, 능력, 사랑, 강함 그리고 기적의 영이신 성령이시다.

성령은 교회 안에 평안한 분위기를 만들기 위해 오신 분이 아니시다. 우리는 조용하고 엄숙하든지 또는 시끄럽고 열광적이든지 간에 적당한 분위기를 조성함으로 우리의 예배에 성령을 끌어들일 수는 없다. 성령은 끌어들이거나, 청하거나, 설득하거나 또는 미끼를 필요로 하지 않는다. 그분은 마지못해서 오시거나 냉담한 방문자로서 오시는 것이 아니라 그분의 의지와 원함에 따라서 거하시기 위해 오신다.

사도들은 성령을 위해 기도하지 않았다. 그러나 그분은 오셨고 그 자리에 침노하셨다. 제자들이 같이 느꼈던 모든 공기를 날려 버리고, "급하고 강한 바람"(행 2:2)으로 침노하셨다. 성령은 하늘의 공기 그 자체이며 하늘이 그분과 함께 이곳에 내려왔다. 그분은 영(pneuma)이시다. 하늘의 바람이 우리의 답답한 전통과 침체를 꿰뚫고 불어온다.

우리는 "환영합니다. 환영합니다. 성령님"이라고 노래할 수 있지만 그분은 우리가 환영하기 때문에 오시는 것이 아니다. 그분은 손님도 아니시고 한두 시간 초대받은 이방인도 아니시다. 그분은 하늘로부터 오신 주님이시며 우리를 그분의 면전으로 초대하신다. 믿음과 말씀이 있는 곳은 어디든 성령이 자연스럽게 임재하시는 곳이다.

성령은 강하고 능력이 있는 사람을 무시하지도 않으시지만 선택하지도 않으신다. 그분의 목적은 연약하고 도움이 필요한 사람, 스스로 작은 자라고 여기는 사람에게 힘을 주시는 것이다. 그들의 연약함이 성령의 능력과 온전히 채워 주심과 생명을 주시는 힘을 끌어들인

> 성령은 오순절의 하나님이며 역사, 능력, 사랑, 강함 그리고 기적의 영이시다.

다. 그분은 우리의 가장 좋은 것을 위해서 그리고 가장 나쁜 것을 위해서 오셨다. 성부의 약속대로 성자께서 보내셨다. 이 얼마나 놀라운 선물인가!

우리는 성경 당시에 존재하는 성령에 대해 놀라움과 기쁨을 갖고 기록된 성경을 읽는다. 우리가 이곳에서 말하고 싶은 성령이 바로 그분이시다. 그분은 영원한 영이시며 그때나 지금이나 변함이 없으시다. 사실 구약 시대는 성령이 위대하게 역사하신 때가 아니었다. 그분은 신약의 영이시다. 그분은 복음에 의해 우리에게 전해진 기독교 신앙의 진수이시다. 그분이 없이는 기독교도 존재할 수 없다. 그분은 액세서리가 아니며 우리가 믿는 바로 그 본질이다. 그분은 이 땅 위에 계신 하나님이시며, 활동적으로 내재하시며, 우리가 체험하는 모든 작은 부분 하나하나를 넘치게 하시는 분이다. 이것은 기독교가 초자연적인 믿음이라는 것을 의미한다. 초자연적이지 못한 복음은 오직 껍데기일 뿐이다.

신약성경이 담고 있는 내용 중 성령에 대해 말하고 있는 단순한 단어 하나도 제거하거나 변환시킬 수 없다. 우리가 '성령을 억누르거나' 또는 성령을 '슬프게' 한다고 하더라도 그분은 침거하거나 우리

를 떠나지 않으신다. 다윗은 기도했다: "주의 성신을 내게서 거두지 마소서"(시 51:11). 그러나 이미 천 년 전에 그분은 우리와 동거하기 위해 오셨다. 우리의 불신앙은 성령을 슬프게 한다. 우리는 우리가 행하는 것으로 분명히 성령을 슬프게 만들 수 있지만, 그분이 우리와 함께하지 않는 한 우리는 억누르거나 그분을 슬퍼하게 할 수 없다. 세상은 성령을 억누르게 하거나 슬프게 할 수 없다. 오직 그리스도인들만이 이 모호한 특권을 갖고 있다.

성령의 최고의 역사는 인간을 구원하는 일이다. 성령의 우선순위는 그리스도인들의 양심의 가책이나 영성과 거룩함에 대하여 더 높은 상태에 대한 관심을 갖도록 하는 일에 있지 않다. 인간의 어떤 덕목도 성령의 거룩한 임재의 파도에 삼켜지고 떠나가 버릴 것이다.

사도들은 성령이 필요했고, 더 말할 나위 없이 우리도 그렇다. 신약 시대에 세상에는 약 3억의 인구가 있었고 거의 복음이 전파되지 않았었다. 오늘날 지구상에는 70억 명의 사람들이 있으며 그들도 대부분 복음화 되지 않았다. 우리는 사도들이 행한 일을 행해야 할 필요가 있다. 만일 우리가 그렇게 한다면 하나님께서 그들에게 주신 것을 우리에게도 주실 것이다.

사도행전은 성령의 능력이 절정으로 나타난 것을 기록한 것이 아니라 첫 번째 사도들이 성령의 능력으로 행한 일들을 기록한 것일 뿐이다. 이것이 가능한 최고의 것이 나타난 것이라고 말하는 곳은 아무데도 없다. **성령의 역사에 최고점이란 없다.** 초대 그리스도인들은 우리의 역할 모델이 아니다. 그들의 이야기는 성령 사역의 가능성에 대한 첫 번째의 한 가지 예일 뿐이다. 이 역사의 영역은 우리에게 열려 있다. 바울은 말했다: "너희 마음눈을 밝히사 그의 부르심의 소망이 무엇이며 성도 안에서 그 기업의 영광의 풍성이 무엇이며 그의 힘의 강력으로 역사하심을 따라 믿는 우리에게 베푸신 능력의 지극히 크심이 어떤 것을 너희로 알게 하시기를 구하노라 그 능력이 그리스도 안에서 역사하사 죽은 자들 가운데서 다시 살리시고 하늘에서 자기의 오른편에 앉히사"(엡 1:18~20).

그리스도인들은 우리가 1세기에 살든지 21세기에 살든지 간에 자신의 힘만으로 세상과 육신과 마귀와 싸우도록 의도되어 있지 않았다. 복음은 "하나님의 능력"(롬 1:16)이다. 이것은 성령에 의한 것이지만 우리가 그분을 무시할 때는 그렇지 않다. 오늘날 얼마나 많은 설교가 마치 설교자가 사도들과 함께 다락방에서 방금 밖으로 나온 것처럼 말해지고 있는가? 복음이 진정으로 하나님의 능력인 것처럼 얼마나 많이 이야기되고 있는가? 그리스도인들에게 말하는 설교자들은 마치 병원에서 열정도 없이 환자들에게 말하는 의사와 비슷하다. 그들은 성령에게 아무런 기회도 주지 않았다. 그리스도인들의 사역은 성령의 기름부으심이 없이는 아무것도 이룰 수 없다는 것을 우리는 잘 알고 있다: "오직 성령의 충만을 받으라"(엡 5:18). 이것이 우리에게 주어지는 가르침이다. 목적이 이끄는 존재는 그것의 한 부분이다. 그러나 성령이 이끄는 존재가 되는 것은 신약성경의 모범이다. 그분은 동기를 부여하시는 분이며 그 동기를 부여하는 능력이다.

구약성경은 성령에 대한 하나님의 전문적인 책이다. 구약은 모든 나라들이 성령을 무시할 경우 비극적인 길을 걸었다는 것을 나타내고 있다. 성령은 그 당시와 지금 이스라엘의 개인들을 터치하셨지만, 반면 국가는 미끄러운 내리막길로 굴러떨어지고 말았다. 성령이 오셨을 때 모든 것이 변화되었다. 이것은 혁명적인 효과를 나타내는 초자연적인 복음이었다.

> 우리는 사도들이 행한 일을 행해야 할 필요가 있다. 만일 우리가 그렇게 한다면 하나님께서 그들에게 주신 것을 우리에게도 주실 것이다.

믿음이 확산되었다. 이 믿음은 수십 년 동안 쇠퇴하고 세속화되었으며, 교회는 성령의 잠재력을 인식하는 일에 실패했음을 역사는 보여 주고 있다. 성령은 항상 역사하시고 있다. 왜냐하면 그분은 쉼이 없으시고 늘 활동적인 분이시기 때문이다. 그분은 사람들에게 별로 인식되지 않을 수도 있지만 교회의 부패가 생기는 것에 반대하는 사역을 해 오셨다. 교회는 음모, 정치, 신학적 이단, 상호파괴적인 적대감, 예수님이 말씀하신 어떤 것과도 동떨어진 주제에 대한 논쟁, 성령의 실제에 대한 망각 등에 휘말려 왔다.

지금은 성령이 누구신지를 알고 예수님이 복음의 능력의 비밀로서 그분에 대해 말씀하신 것을 알기 위한 중요한 시점이다. 이것은 성령을 얻기 위해 발버둥치거나 땀 흘리는 문제가 아니라 성령께서 들어오시도록 하는 것이다. 우리는 그분의 능력을 만들어 낼 수 없다. 우리는 그분을 효력이 있는 분으로 만들어 낼 수도 없다. 우리는 성령의 능력을 기도, 땀, 비탄, 시간, 노력, 선행 또는 어떤 것으로도 가져올 수 없다. 아버지께서는 우리에게 성령을 선물로 주셨다. 포상이나 대가도 아니고, 우리가 받을 만한 값어치가 있는 것도 아니다. 만일 우리가 우리 자신을 선하게 만들어서 성령을 받을 자격을 갖춘다면 우리는 성령이 필요 없을 것이다. 엘리사처럼 우리는 엘리야의 겉옷을 주워 들도록 부름을 받았다. 그러나 우리의 엘리야는 예수 그리스도이시다. 우리는 "엘리야의 하나님 여호와는 어디 계시니이까"(왕하 2:14)라고 질문하지 않는다. 그러나 "우리 주 예수 그리스도의 하나님이 어디에 계시냐?"라고 묻는다. 왜냐하면 엘리야보다 더 위대하신 분이 오실 것이기 때문이다.

CHAPTER 2

성령과 그분의 탁월한 사역

성령에 대한 특색 있는 사실 하나가 베드로전서 1장 12절에 주어졌다. 성령은 "하늘로부터 보내신" 분으로 설명되고 있다.

요한복음 13장 3절에서는 예수님께서 하늘로부터 오셨다고 말한다: "말씀이 육신이 되어 우리 가운데 거하시매"(요 1:14, 헬라어 eskeénoosen, 'tabernacled': 임시로 거처하심-역주). 하나님께서 우리와 함께 거하신다. 얼마나 놀라운 생각인가. 사실 이것은 예수님께서 분명히 약속하신 것이다: "사람이 나를 사랑하면 … 내 아버지께서 저를 사랑하실 것이요 우리가 저에게 와서 거처를 저와 함께 하리라"(요 14:23). 이것이 예수님의 진실이라면 예수님의 영 또한 진실이다: "그가 또 다른 보혜사를 너희에게 주사 영원토록 너희와 함께 있게 하시리니"(요 14:16).

성령은 내향적인 신비주의자들을 위한 보기 드문 경험이 아니라 우리 모두가 자연스럽게 기대하는 분이시다. 하나님께서는 우리가 성령을 원하길 바라신다. 성령에 의하여 우리에게 가까이 다가오는 것이 그분이 계획하신 소망이다. 이것은 창조 때부터 시작됐다. 성령은 우리가 살고 매일 걷고 있는 환경이 되셨다.

세상은 성령 충만한 사람을 별나고 이상한 사람으로 여긴다. 그렇다. 그들에게 우리는 그런 존재다. 우리는 새로운 인종이며 종족이고, 그리스도 안에서 새로운 피조물이다. 단지 호모사피엔스(homo sapiens)가 아니고 성령에 의해 재탄생되고 성령의 도구로 지음을 받은 존재다. 우리는 하나님의 영(the pneuma of God)으로 숨을 쉰다.

우리는 하나님과 같지 않아서 성령이 없다면 우리들만 눈에 보인다: "만일 너희 속에 하나님의 영이 거하시면 너희가 육신에 있지 아니하고 영에 있나니 누구든지 그리스도의 영이 없으면 그리스도의 사람이 아니라"(롬 8:9). "그리스도의 사람이 아니라"는 것은 정상에서 왜곡이 있다는 것이다. 우리는 그분의 손에 꼭 맞지 않는다. 성령이 없이는 우리가 하나님께 유용하다는 자격을 얻을 수 없고 그분의 궁극적인 목적에 대해 거부된다. 이것은 하나님을 실망시키는 일이다. 예수님께서 약속하셨다: "내가 아버지께 구하겠으니 그가 또 다른 보혜사를 너희에게 주사"(요 14:16). 그분은 우리가 성령과 함께하기를 간절히 원하신다. 마치 아버지가 그의 자녀들에게 주기를 원하는 빵과 같이.

하나님의 영인 성령은 사역을 하는 신성한 능력이다. 창조는 그분의 작품이다. 그분은 모든 것을 만드셨다. 하늘과 땅 그리고 이 두 곳에서 역사하신다. 히브리서 1장 3절에서 아들은 "그의 능력의 말씀으로 만물을 붙드시며"라고 우리에게 말씀했다. 그분에게 위임되었다. 그분은 이 세상과 그 위에 거하는 자들과 성경이 실제 그렇게 말을 하고 있지 않다고 하더라도 의심할 바 없이 하늘에 대한 책임을 지고 계신다.

성령은 보이는 것과 보이지 않는 모든 것들에 대한 권위자이시다. 기적은 창조의 한 부분이며 하나님이 통제하시는 일에서 핵심적인 부분이다. 모든 것들은 성령에 의해 존재한다. 초자연적인 것보다 더 자연스러운 것은 없다. 기적이 놀라운 일이 아니라 기적이 없다는 것이 진실로 놀라운 것이다.

> 성령은 내향적인 신비주의자들을 위한 보기 드문 경험이 아니라 우리 모두가 자연스럽게 기대하는 분이다. 하나님께서는 우리가 성령을 원하길 바라신다.

성령은 세상을 움직이고 모든 본질은 그분의 손에서 나온다. 그분은 그것들을 만드셨고 다시 만드실 수 있으며, 치유하고, 구원하고, 기적과 기사를 일으킬 수 있으시다. 그렇게 하시지 않는 것이 오히려 불가능하다. 우리가 집을 짓고 그것을 돌볼 수 있다면 하나님도 하실 수 있다.

성경의 첫 구절은 우리에게 배경 상황을 말한다: "태초에 하나님이 천지를 창조하시니라 땅이 혼돈하고 공허하며 흑암이 깊음 위에 있고 하나님의 신은 수면에 운행하시니라"(창 1:1~2). 그분은 인계받을 표적을 기다리고 계셨다. 지구상의 모든 웅장한 것들, 바다와 하늘은 그분이 제정하신 것이며, 하나님은 성령을 감독과 관리인으로 임명하셨다. 성령은 모든 것을 내포하고 있는 우주로부터 시간과 공간의 어지러운 소용돌이에서 하나님께서 악과 마지막 전쟁을 할 특별한

CHAPTER 2 성령과 그분의 탁월한 사역 29

장소인 이 세상을 탄생시켰다.

왜 무한하신 하나님께서 불명예스러운 인종인 사람들이 사는 한 행성에 대해 이런 관심을 집중하셔야만 했을까? 이런 질문은 우리에게 신비한 영광의 구름에 싸여 있지만 자신을 인간에게 계시하시는 하나님에 대해 상기시킨다. 우리는 이 세상, 우리의 세상, 그분의 아들을 십자가에 못 박으시기 위해서 보낸 적이 없는 1조의 다른 세상 가운데서 "하나님이 세상을 이처럼 사랑하사"(요 3:16)라는 말씀을 읽을 때 경외함으로 뒤로 물러서게 된다.

> 우리가 이 세상, 우리의 세상, 그분의 아들을 십자가에 못 박으시기 위해서 보낸 적이 없는 1조의 다른 세상 가운데서 "하나님이 세상을 이처럼 사랑하사"라는 말씀을 읽을 때 경외함으로 뒤로 물러서게 된다.

우리의 세상은 그분에게 놀이장소도 아니고 영원한 시간 막간에 피조물이 어떻게 자유롭게 행동하는지를 관찰하기 위한 흥밋거리도 아니다. 이것은 없어서는 안 될 영원한 이슈의 세상이었다. 이곳에서의 일들은 성공해야만 했다. 이것이 성령께서 이곳에 계신 이유이다. 하나님께서는 오직 성령과 그분의 사랑받으시는 아들만 신뢰할 수 있으시다.

우리가 이것을 인식하든지 못하든지 우리는 하나님의 가장 가까운 관심의 대상이다. 하갈은 모든 시도와 목적에서 거절당했다. 그러나 하늘의 메신저와 얼굴을 대면하게 되면서 그녀는 오늘날에도 여전히 진실하신 "나를 감찰하시는 하나님"(창 16:13)을 이해했다.

그리스도인들의 모임에서 우리는 노래한다: "환영합니다. 환영합니다. 성령님." 그러나 환영을 받든지 못 받든지 성령은 그 자리에 계신다. 정말로 성령을 환영한다는 것은 무례한 것일까? 누구의 모임일까? 그분은 우리를 환영하거나 그렇지 않으면 전혀 만남이 없는 것이다. 그분은 우리 앞에 잔칫상을 준비하신다. 오직 이방인들만 자신들의 신을 위한 상을 준비할 뿐이다. 이 세상은 하나님 소유의 '대저택'이거나 주택들 중 하나이다. 우리는 그분의 손님이다. 그분은 주인이신 것이다.

이것이 바로 성령이 누구신가를 분명히 아는 것이다. 그리고 이 책의 한 장(chapter)으로 기록될 수 있는 것보다 더 많은 것이 그분에게 있다.

CHAPTER 3

놀라운 은혜와 성령

우리는 배우는 것이 매우 느리다. 그러나 다니엘이 듣고 예언한 마지막 때가 지금이다: "지식이 증가하리라"(단 12:4, NKJV). 누구든지 90세가 되면 손자들에게 어떻게 모든 것이 변화됐는지 설명할 수 있을 것이다. 심지어 문화와 생각하는 방식의 변화도 설명할 수 있을 것이다. 비극적으로 일반적인 현대인의 마음에는 하나님에 대한 두려움이 없다. 그 결과 수 세기 동안 우리는 더 나은 사람이 되지 못했고 우리의 죄악들은 아담이 지었던 것과 별로 다를 것이 없다. 동시에 거의 모든 가정의 공통된 특징은 90년 전에는 알려지지 않았었다.

불과 200년 전, 그때는 사진도 없었고 텔레비전 인기 배우도 없었기에, 가장 빠른 운송수단이 말이었다는 것과, 그림이라는 것은 오직 손으로만 그린 것들이라고 우리가 상상하기는 쉽지 않다. 10,000년 동안 현대의 과학과 기술의 폭발적인 발전이 있기까지 인간들은 별로 발전하지 못했다. 인간의 이기주의의 방해로 도덕적, 종교적으로 우리는 느리게 배운다. 첫 번째 수소폭탄이 떨어졌을 때, 신문들은 도덕이 과학에 뒤떨어졌다는 상투적인 말들을 쏟아내었을 뿐이다. 예수님께서 말씀하신 대로 우리는 "마음에 더디 믿는"(눅 24:25) 사람들이다.

그것은 성령에 대해 관심을 갖는 한 분명히 문제이다. 성령은 1,900년 동안 그늘과 모호함 속에 남아 있었다. 구원에 대해서는 잘 알려졌지만 성령은 교회에서조차 이방인처럼 보였다. 그럼에도 그분은 역사하고 계셨다. 하나님께서 하신 모든 것은 성령에 의한 것이다. 그렇지만 신학자들과 교사들은 이 거룩하신 인격체를 비인격체인 능력, 즉 '은혜'로 대신했다. 하나님의 기본적인 속성을 하나의 힘으로 바꾼 것이다. 그들은 하나님을 믿거나 여하튼 영적으로 어떤 것을 행하는 존재를 믿는다. 영적인 사역은 어떤 곳에서든지 영광을 받아야 한다. 그러나 성령은 영광을 받지 못하고 '은혜'만 영광을 받았다.

1,600년 전에 살았던 위대한 교사인 히포(Hippo)의 어거스틴(Augustine)은 수 세기 뒤에 다가올 미래를 위해 교회에 가르침을 주었다. 그의 강력한 지성은 잘못을 범할 수 없는 것처럼 보였다. 그의 구원론 체계는 하나님으로부터 천사에 의해 기록된 것처럼 받아들여졌다. 그러나 어거스틴은 철학자였고 아리스토텔레스학파(Aristotelian philosophers)의 철학자들의 방식으로 영적인 가르침을 논했다. 그의 논리는 영적인 것을 넘어서 교리적인 막다른 골목으로 그를 이끌어 갔다.

어거스틴과 그 이전 사람들은 '은혜' 라는 단어를 중심으로 구원에 대한 그의 가르침을 논했지만, 은혜는 단지 사랑을 베푸시는 하나님의 속성에 지나지 않는다. 이것은 분리된 '무형의 것' 이 아니고 가치 없는 인간을 향한 그분의 돌보심에 붙인 이름이다. 성경에서 하나님의 은총과 은사들은 때때로 유추나 비유적으로 그분의 은혜라고 불린다.

어거스틴의 교회에 대한 신조는 심지어 오늘날까지 가톨릭교회에서 복음주의 교회에 이르기까지 많은 교회들이 따르고 있다. 은혜 또는 은혜에 대해 잘 알려진 찬송가들이 많이 있는데, 이는 신중한 가르침이나 뒤에 숨겨진 역사에 대해 걱정하는 극소수의 사람들을 위한 것이다. 물론 성경은 우리 주 예수 그리스도의 은혜에 대해 말하고 있다. 하나님의 최상의 은혜 또는 은총을 실행하신 분이 예수님이시다. 예수님은 "은혜가 충만"(요 1:4)한 분이다. 이것은 자비로움이다. 우리를 향한 하나님의 은총은 예수님 자신의 성육신이다. 그분은 하나님의 사랑의 선물인데 죄 많은 남자들과 여자들과 화목하다는 것을 보여 주기 위한 그분의 방법이다. 그분은 놀라운 의미로 은혜이다. 그러나 은혜는 믿는 자들을 매혹하는 신비한 정체불명의 요소가 아니다.

오래된 교리에서 은혜는 하나님께서 하실 수 있는 모든 것을 했다. 사람들은 마치 자기 자신에게 진지한 독립심이 있는 것처럼 '최고의 은혜' 를 말한다. 18세

> 하나님의 존재, 이 능력, 방언을 말하는 성령 세례는 변화의 지렛대가 되었다.

기의 찬양인 존 뉴턴의 〈나 같은 죄인 살리신〉(Amazing Grace)은 거의 대부분의 찬송 책에서 발견되며 모든 것이 은혜임을 믿는다. 이것을 하나님이나 그리스도라고 부르지는 않는다. 아마도 이것이 교회에 다니지 않는 사람들이나 불신자들도 자주 장례식과 결혼식에서 이 노래를 부르는 이유라고 볼 수 있다. 은혜란 기도나 찬양의 대상이 아니다. '최고의 은혜'는 구원을 받도록 선택된 것이다. '고전적' 부흥 이론은 은혜를 '은혜로만 구원을 받도록' 가려 뽑고 하나님이 선택하신 인원수가 되도록 만드는 것으로 보았다.

오늘날 성령으로 충만한 그리스도인은 하나님의 놀라운 은혜를 인식하지만 그것을 에너지나 작용하는 힘으로 보지는 않는다. 모든 영적인 역사는 성령에 의한 것이다. 예수님은 그분의 사역을 행하기 위해 다른 사람들, 즉 대리인을 이용하지 않고 구원하시는 유일한 분이시다. 성령은 그리스도의 일들을 맡으시며 우리의 필요에 그분의 일들을 사용하신다.

가톨릭적 개념으로는 은혜를 만들어 낼 수 있고 축적할 수 있다고 본다. 희생과 온전한 헌신은 은혜를 만들었고 성인(聖人)을 만들었다. 평범한 그리스도인을 위한 '은혜의 방법들'이 있는데 그것은 기도, 성사(聖事) 그리고 교회에 출석하는 것이다. 만일 그들이 아마도 방금 고백했다면 사람들은 그들이 '은혜의 상태'에 있다고 말한다. 은혜는 일해서 벌 수 있는 영적인 화폐이다. 여분의 은혜를 얻은 몇몇의 아주 거룩한 사람들은 자신들의 축적된 은혜를 다른 사람들에게 나누어 줄 수 있다. 이렇게 뛰어난 사람들은 보통 극도로 혹독한 삶과

궁핍으로 자기 자신을 학대했다. 그들은 '성인'으로, 가톨릭에서 '성자의 반열에 오른' 남자와 여자들이다. 그들은 다방면에서 특별한 유익으로 삶을 도와주는 국가들과 사람들의 수호성인들이다. 성 유다가 현재 가장 유명하다.

우리는 이런 관례가 옳은 것이냐 옳지 않은 것이냐에 대해 관심이 없다. 우리는 '은혜'가 지난 1,600여 년간 얼마나 중요한 이슈였는가를 보여 주기 위해 언급한 것이다. 1904년에 많은 사람들이 말하는 '부흥'이 웨일스에서 이반 로버트(Evan Roberts)를 통해 갑자기 일어났다. 그는 남 웨일스를 여행했고 성령 세례를 받게 되었다. 그는 선구자였는데 성령에 의지하여 이 예배당에서 저 예배당으로 옮겨 다니면서 회개와 구원에 대하여 설교했다. 웨일스의 부흥은 아마도 '은혜'의 부흥이 아니라 성령의 부흥이라고 첫 번째로 인식되는 부흥이다. 하나님은 과거의 '은혜' 이론을 철저히 깨뜨리기 시작하셨다. 기독교 지도자들은 '능력'의 임재에 대해 말했고, 로스앤젤레스에서 성령으로 기름부음을 받은 초창기 모임에서 증거되었던 동일한 능력으로 인식했다.

하나님의 존재, 능력, 방언을 말하는 성령 세례는 변화의 지렛대가 되었다. LA의 아주사 거리에 있는 오래된 감리교 건물 안에서 하나님은 다시 한 번 연약한 자들을 들어서 강한 자들을 당황하게 하셨다. 20명 내지 그 정도의 순전한 그리스도인들이 '비밀'을 알았고 진정한 사도행전의 축복을 즐겼다. 과거의 가르침을 새롭게 받아들였다. 성령이 당신의 약속의 표시를 보여 주셨고 거기에 실수란 없었다. 이 일에 대해서는 뒤에 자세히 보게 될 것이다(7장에서).

'은혜'(헬라어 charis)라는 단어를 자세히 살펴보기 위해 잠시 멈추도록 하자. 사실 이 말은 바울에 의해서 100번 이상 사용되었다. 바울은 받을 만한 자격도 없고 간청하지도 않은 우리를 향한 호의를 나타내는 하나님의 속성을 은혜라고 말하고 있다. 예수님께서는 이 단어를 사용하지 않으셨다. 바울은 은혜 그 자체가 정확히 존재하는 것이 아니라서 이 단어를 비유적으로 말했다. 쉽게 말해서 성령 외에 역사하는 신성한 능력은 없다. 신성한 사역에 대한 모든 영광과 존귀는 그분에게 돌려야 마땅하다. '은혜'라고 부르는 다른 별개의 능력에게 영광을 돌려서는 안 된다: "하나님으로부터 나지 않은 권력이 없으며"(롬 13:1, KJV). 성령 이외에 어떤 능력이나 신성한 영향력은 존재하지 않는다. 하나님 나라의 능력, '찬양의 능력', '기도의 능력'이 만일 실재한다면, 그것은 모두 성령의 영향이다. 천사 가브리엘은 마리아를 방문하여 마리아에게 "은혜를 받은 자"(눅 1:28)라고 말했다. 그것이 바로 '은혜'다. 그러나 가브리엘은 은혜에 의해서가 아닌 "지극히 높으신 이의 능력"(눅 1:35)에 의해 예수님의 어머니가 될 것이라고 했다.

> 하나님이 행하신 어떤 것이든지 삼위일체 하나님 모두가 동일한 관심으로 행하신 일을 깨닫는 것은 엄청난 것이다.

하나님은 비인격적인 능력으로 행하시지 않는다. 성령의 실체는 하나님이시며, 우리는 성령 안에서 걸을 수 있고 성령을 알고 즐긴다. 이것은 성경에 모두 기록된 것이다. 그리스도 자신은 성령으로 기적을 행하셨다. 사도행전은 전적으로 성령을 의지한다고 우리에게 가르쳐 준다: "하나님이 나사렛 예수에게 성령과 능력을 기름붓듯 하셨으매 저가 두루 다니시며 착한 일을 행하시고 마귀에게 눌린 모든 자를 고치셨으니 이는 하나님이 함께 하셨음이라"(행 10:38).

예수님은 아버지께서 행하시는 일을 행하시며 그것은 성령에 의한 것이라고 말씀하셨다. 성령은 성자의 말씀 중 성부의 뜻을 성취하는 운영자이다. 성자는 성부의 실행자이며, 성령은 성자의 실행자이다. 예수님께서 말씀하셨다: "아버지께서 행하시는 그것을 아들도 그와 같이 행하느니라"(요 5:19). 이것은 성령에 의한 것이다.

하나님이 행하신 어떤 것이든지, 삼위일체 하나님 모두가 동일한 관심으로 행하신 일을 깨닫는 것은 엄청난 것이다. 하나님의 모든 것은 그리스도인들의 경험을 뛰어넘는 것이다. 예수님께서는 아버지의 사랑과 성령으로 우리를 구원하셨다. 모든 하나님의 역사와 그리스도의 역사는 우리 안에서 역사하시는 성령에 의해 실행된다. 성령은 그리스도의 사역, 죽음, 부활, 위임, 실행, 모든 그리스도인들이 감동을 받게 하신다. 성령의 능력으로 우리는 그리스도가 누구신지 깨달을 수 있고, 성령은 우리가 그분의 모든 구원의 영광과 은혜를 공감하도록 하신다. 우리 안에 계신 성령은 잠재해 있는 분이 아니라 역사하는 분이시다. 그분은 '우리와 함께 거하신다'. 그분은 우리 안에 내주하신다. 그분은 인간의 모든 분야, 곧 육체적, 영적 그리고 심리학적인 분야에 영향을 끼치신다. 그분은 증거를 위한 우리의 능력이기에 우리 모두는 기적에 의해서뿐만 아니라 성령 충만한 삶으로 진리를 전해야 한다. 이 모든 것은 우리가 예수님을 알기 위해 다가갈 때 시작된다. 이것도 성령에 의해 가능하다.

성령은 이 세상에서 그분의 사역을 수행하도록 하나님께서 우리에게 주신 선물이다. 어떤 사람은 영적인 것이나 하늘의 일만 생각한다. 그들의 복음에는 육체적이거나 기적적인 부분이 없다. 기적은 오직 사도 시대만을 위한 것이라고 믿는 사람들이 기도할지라도 여전히 그들의 기도에 대한 응답은 기적을 포함하고 있다. 사람들이 기적을 믿지 않을 때에도 하나님에게 도움을 청하기 위해 기도하는 것은 인간 본성의 한 부분이다. 우리는 복음이 하늘과 땅을 위한 것이라는 사실에서 도피할 수는 없다.

성경은 말하기를 "요한은 아무 표적도 행치 아니했으나"(요 10:41)라고 한다. 왜냐하면 성령이 아직 주어지지 않았기 때문이다. 요한 자신은 성령과 불로 세례를 주시는 분이 오실 것이라고 선포했다(눅 3:16). 그리고 예수님께서 오셔서 놀라운 기적과 행동으로 요한조차 놀라게 하셨다. 우리의 복음은 물로 세례를 주는 세례 요한의 복음이 아니라 그리스도의 불, 즉 성령의 복음이다.

만일 우리의 가르침에서 성령께 자리를 내어 드리지 않는다면 모든 것이 신성한 계획이라 할지라도 무의미하다. 성령은 모든 질서, 하늘과 땅 그리고 보이는 것들과 보이지 않는 것들을 만드신 분이다. 하늘의 왕국이나 보이지 않는 영적인 영향력에 대해 성령을 제한

> 만일 우리의 가르침에서 성령께 자리를 내어 드리지 않는다면 모든 것이 신성한 계획이라 할지라도 무의미하다.

하는 사람은 그 자신의 세계에서 성령을 내쫓는 것이다.

하나님께서는 그리스도 안에서 창조 때부터 계속해서 우리를 성령의 돌보심 아래에 두셨다. 그분은 이 세상에서 우리의 일과 진로를 하나님의 영원한 영광으로 인도하시는 책임과 구원의 전승자로 헌신하신 바로 우리의 선물이며 가까이 계신 하나님이다.

성령은 모든 영적 성전 위에뿐만 아니라
모든 그리스도인들의 마음에 내재하여 안식하신다.
우리는 성령의 전이다.
"누구든지 그리스도의 영이 없으면
그리스도의 사람이 아니라"

CHAPTER 4

성령 세례

1부

성경은 문제와 해설을 다루는 책이 아니다. 체험의 칼로 고르디안 매듭[Gordian knot, 고르디오스(Gordius)의 매듭이라고도 하는 고대 프리지아(Phrygia)의 왕 고르디오스가 전차에 매어 놓은 매듭. 장래 아시아의 지배자가 될 사람만이 풀 수 있다는 것을 알렉산더(Alexander) 대왕이 칼로 잘라 버렸다-편집자주]을 자른다.

성령 세례는 실제적인 것이다. 성례전에서 성직자는 참여자에게 성령을 받으라고 선포할 수도 있지만 사도행전 2장에 나오는 바람, 불 그리고 방언과는 매우 다르다!

오순절 사건이 처음 일어났던 현장과는 대치되는 새로운 이론이 만들어졌다. 즉 모든 교회가 오순절 날에 단 한 번 그리고 영원히 성령 세례를 받았다는 것이다. 이 '세례' 이론은 어떤 사람의 삶에서도 강렬한 실제가 되지 못했다. 성경 시대에 제자들은 사마리아, 에베소, 가이사랴에서 지속적으로 성령 세례를 받았다.

성령 세례란 성령 안에 잠기는 것이다. 성령은 하나님의 역사하시는 능력이라는 것을 고려할 때, 우리가 성령 세례를 받는다는 것은 주목할 만하다. 느낄 수도 없고 추적할 수 있는 결과도 남지 않는 복을 받는다는 사람의 믿음은 신앙이 거의 없거나 또는 너무 쉽게 믿는 것이다. 그러나 많은 사람들이 지지하는 교리가 있다. 그것은 우리가 처음 그리스도에게 돌아갈 때 예수님은 우리 모두를 포괄적으로, 즉 한 번에 모든 것이 포함된 영적인 패키지로 구원하셨다는 것이다. 문제는 어떻게 또는 왜 이 세 번째 분이냐는 것이다. 제 삼위가 후에 그 장소에 오셨다. 그러나 문제의 사실은 어떤 일이 일어나는가이고, 우리의 이론을 사실에 갖다 맞추지 않으면 안 된다는 것이다.

그러면 무슨 일이 일어났을까? 바울은 우리의 몸이 성령의 전이라고 말했다. 성경의 실례는 솔로몬 성전의 헌당식에 대한 성경의 기사를 제공한다. 모든 것이 우리에게 자세히 알려졌다. 이 놀라운 성전은 십계명이 기록된 시내산의 돌판을 위한 보관 장소에 지나지 않는다. 이 돌판들은 언약궤 안에 있었다. 이 궤는 성전의 내실인 지성소에 두었다. 율법의 돌판은 이 법궤를 거룩하게 만들었고, 이 법궤는 성전을 거룩하게 만들었다. 십계명을 기록한 돌판을 담은 법궤와 가까이 있을수록 더욱 거룩하게 되었다. 그것들이 예루살렘에 있다는 사실이 예루살렘을 거룩한 도시가 되게 했고 가나안을 거룩한 땅이 되게 했다.

> 성령 세례란 성령 안에 잠기는 것이다.

법궤는 속죄소라고 불리며 금으로 덮여 있고, 그 위에는 금으로 만든 두 날개를 가진 그룹들이 있다. 하나님의 영광(the Shekinah)은 그룹들 사이의 한 지점에서 나타났다. 지성소에는 창문, 촛불, 등불이 없었다. 하나님의 영광에 의해 비추는 빛이 있을 뿐이었다.

성전이 준비되었을 때 솔로몬 왕은 봉헌기도를 드렸다. 그때 어떤 일이 있어났다: "불이 하늘에서부터 내려와서 … 여호와의 영광이 여호와의 전에 가득하므로 제사장이 그 전에 능히 들어가지 못하였고"(대하 7:1~2). 이 영광은 이전에 대제사장 외에는 아무도 본 적이 없는 것이었는데, 이제 성전의 모든 영역에 영광이 비추고 있었다.

이것은 먼 훗날 오순절 날에 대한 전조였다. 바로 그날, 그리스도께서 아버지께로 승천하신 지 50일 후에 그분은 하늘로부터 불을 보내셨다. 이것은 제자들에게 가시적으로 나타났다(행 2:3). 그날로부터 하나님의 영광과 성령은 그리스도의 몸 된 성전인 모든 교회 위에 임하고 계시다.

성령은 모든 영적 성전 위에뿐 아니라 모든 그리스도인들의 마음에 내재하여 안식하신다. 우리는 성령의 전이다: "누구든지 그리스도의 영이 없으면 그리스도의 사람이 아니라"(롬 8:9). 그러므로 하나님의 영광이 지성소에서 나올 때 성전에 가득한 것 같이, 성령 세례를 받을 때 성령은 믿는 자들의 마음의 성전뿐만 아니라 존재 전체를 채우신다. 하나님께서 당신의 거처를 취하셨다는 것을 보여 주는 외적인 표시가 있는 솔로몬의 성전과 같이 우리는 육신적으로도 영적으로도 성령의 전이 되어 간다. 그분은 우리와 함께 살 것이다(요 14:23).

그러나 성령 세례에 대한 가르침은 성경의 종류나 형태 또는 신학 서적으로부터 나오는 논리적인 추론에 기초를 두고 있지 않고 하나님의 말씀 안에서 주어진 분명한 약속에 근거하고 있다. 이것은 비유적인 축복이 아니고 실제적인 것이다. 하나님께서는 성령으로 세례를 베푸신다. 이것은 건전한 교리이다. 이 진리는 말로만 하는 추론이나 신학자들의 생각에서 나온 것이 아니고 하나님께서 약속하시고 행하신 것이다. 그분은 모든 진리 가운데로 우리를 인도하시며 그분의 말씀으로 확정 지으신다. 인간의 추론은 바람이 로키산맥을 넘어서 불어오는 때를 예측할 수 없듯이 하나님의 마음을 예측할 수 없다. 올바른 신학은 하나님께서 행하신 일에 대한 선언이다. 만일 인간의 필요를 채우지 못한다면 신학은 전혀 목적을 성취하지 못한 것이다. 하나님께서는 우리에게 오셔서 구원하고, 축복하고, 치유하시며, 우리를 예배자로 찾고 계시며, 그분의 영광으로 우리의 삶을 채우신다.

2부

성령 세례로 예수님의 신원이 확인된다. 세례 요한은 앞으로 오실 분을 소개하기 위해 보냄을 받았다. 그러나 요한이 말하는 사람이 누구인지를 아무도 몰랐다. 그는 예수님을 설명해야만 했다. 만일 그런 설명이 없었다면 사람들은 그분을 알 수 없었을 것이다. 그는 "그가 곧 성령으로 세례를 주는 이인줄 알라"(요 1:33)고 말했다. 그분을 구별하는 기준은 바로 성령으로 세례를 주는 분이라는 사실이다. 아무도 이런 일을 하지 못했다. 예수님만 성령과 불로 세례를 주신다. 아무도 이를 행하거나, 주거나, 전할 수 없다. 이는 하나님의 권한이요, 특권이다. 그 이유는 세례는 단지 능력이 들어오는 것이 아니라 하나님, 즉 성령이 임하시는 것이기 때문이다. 아무도 하나님을 상품처럼 나누어 줄 수는 없다.

성령으로 세례를 주는 분, 그분은 예수님이시다. 만일 교회가 적어도 그리스도를 선포한다면, 그분은 영원하실 것이다. 성령과 불로 세례를 주지 않는 예수님이라면 분명히 성경의 예수님이 아니다. 성경의 그리스도, 즉 성령으로 세례를 주고 "어제나 오늘이나 영원토록 동일하"(히 13:8)신 그리스도 이외에 다른 그리스도를 선포할 권한을 가지고 있는 사람은 아무도 없다. 우리와 자신의 약속에 신실하시고 항상 자신에게 진실하신 그분은 하나님이시다.

오늘날 사람들에게 긍정적인 일들이 일어나고 있다. 이것은 예수님께서 약속하신 성경의 모든 기록을 기억한다. 이것은 그분이 자신의 말씀을 지켜서 성령으로 세례를 준다는 말 이외에는 다른 설명이 없다. 이를 반박할 만한 논쟁은 아무것도 없다. 이 일이 지금 일어나고 있다.

그러나 성령으로 세례를 주는 그리스도를 선포하는 일은 그동안 배워 왔던 사실들을 단순히 반복하는 학문적인 것일 수도 있다. 적절한 방법은 경험한 것을 선포하는 것이다. 그리스도를 증언하는 일은 말로만 해서는 안 된다. 증인인 우리는 예수님을 증거하며 말한다: "그분이 **나를** 구원하셨고, **나에게** 세례를 주셨고, **나를** 치유하셨다! 그분은 **나와** 함께 계신다." 거만한 당대의 권위자들 앞에 끌려 나온 사도들은 성령의 감동을 전했다. 그들의 흔들리지 않는 증언과 확신은 사람들을 깜짝 놀라게 만들었다. 성령은 믿는 자들의 영혼 안에 있는 어떤 격동만이 아니라 온몸으로 보이는 것이다. 인격, 방법들, 목소리, 눈, 성령의 열매에서 사람들이 결코 알아채지 못했던 그들의 태도가 그것이다. 거룩한 사람으로 가장한 태도보다 더 불쾌한 것은 없다.

3부

성령 세례를 올바로 이해하기 위해서는 예수님의 부활에서 출발해야 한다. 처음에 제자들은 예수님께서 부활하셨음을 믿지 않았다. 매장된 시신은 다시 볼 수 없었고 몇몇 여인들만 예수님을 보았다고 단호하게 말했지만 남자들에게는 말도 안 되는 일이었다. 그 당시 여성들은 별로 인정받지 못했고, 예수님은 제자들이 여인들의 말을 받아들이지 않고 믿지 않은 일에 대해 책망하셨다.

제자들은 자신들이 죽음에서 부활하신

> 하나님께서는 우리에게 오셔서 구원하고, 축복하고, 치유하시며, 우리를 예배자로 찾고 계시며 그분의 영광으로 우리의 삶을 채우신다.

예수님을 보았을 때 담대하고 기쁨이 넘치는 증인이 되었다고 자주 언급했다. 물론 이것은 사실이다. 예수님이 부활하지 않았다면 그들은 결코 증언하지 못했을 것이다. 그럼에도 불구하고 처음에 그들은 믿지 않았고 기뻐할 일은 아무것도 없었다. 통치자들이 예수님을 체포하고 처형했을 때 예수님을 따르는 사람들도 체포하기로 결정했을 것이라는 사실은 확실하다. 제자들은 방 안에 숨어서 문을 잠그고 있었다. 예수님이 실제로 그들에게 나타나셨지만 그들 중 몇 명은 자신의 눈을 의심했다. 이것은 이해할 수 있다. 세상의 모든 경험에 의하면 이런 일은 전에 한 번도 일어난 적이 없었기 때문이다. 그것은 모든 경험과는 상치되는 일이었다. 사도행전에 의하면 두려움 때문에 제자들은 거의 6주 동안 숨어서 숨을 죽이고 있었다.

물론 우리는 제자들이 용감하고 강력한 증인이 되었음을 알고 있다. 만일 그리스도의 부활을 알지 못했다면 제자들의 변화를 초래한 것은 무엇이었을까? 분명히 어떤 일이 있었다! 그 일은 이미 하나님께서 약속하셨지만 이는 '어떤' 일이 아니다. 이것은 어떤 분, 즉 성령에 대한 것이다. 성령께서 제자들에게 확신을 주셨다. 그분은 제자들에게 불로 세례를 주고 그리스도를 열망하는 인식을 갖게 하셨다.

이것이 예수님께서 제자들에게 세상에 나가 복음을 전하기 전에 기다리라고 말씀하신 이유다. 그들은 부활의 현상에 대해 사람들에게 강의하기 위해 다니는 것이 아니라, 부활은 일어났으며 현재 일어난 생생한 사실이라는 것을 사람들에게 확신시키기 위한 것이었다. 죽은 자의 부활에 대한 선포는 논쟁의 소지가 많았고, 실제로 사람들은 그들의 선포에 대해 논쟁을 했다. 그 선포를 들은 사람들은 반박했고, 불신을 정당화했고, 심지어 제자들의 말을 받아들인다 하더라도 이 세상에서 일어나는 기묘한 일과 그저 알고 싶은 하나의 전설 정도로 밀어붙였다.

그러나 그들은 목격자들이었지 논쟁가들이 아니었다. 그렇다. 그들은 예수님이 죽음에서 살아나는 것을 직접 보지는 못했지만 그들에게는 눈에 보이는 것보다 더 나은 증거가 있었다. 생사가 걸려 있고, 삶을 변화시키며, 생명을 주는 메시지였다. "당신이 좋아한다면 믿어라"라는 태도는 무심하고 냉담해서 어떤 일도 일어나지 않는다. 냉정한 사람들에 의해서가 아니라 열정적인 사람들에 의해서, 특별한 감동을 주는 목격자들에 의해서가 아니라 그들이 알리는 것으로 영광에 넘치고 생명을 준다는 사실을 선포해야 했다. 실례로 제자들은 매우 생명력 있는 설교를 했다.

예수님께서 제자들에게 말씀하셨다: "사도와 같이 모이사 저희에게 분부하여 가라사대 예루살렘을 떠나지 말고 내게 들은바 아버지의 약속하신 것을 기다리라 요한은 물로 세례를 베풀었으나 너희는 몇 날이 못되어 성령으로 세례를 받으리라 하셨느니라 … 오직 성령이 너희에게 임하시면 너희가 권능을 받고 예루살렘과 온 유대와 사마리아와 땅 끝까지 이르러 내 증인이 되리라 하시니라"(행 1:4-5, 8). 예수님은 어떤 대단한 분에 대해, 즉 성령에 대해 논하신 것이다. 그분은 절대적으로 필요한 성령 강림과 사역에 대해 말씀하셨다. 예수님은 성령을 또 다른 자신인 "또 다른 보혜사"로 불렀다. 말하자면 그리스도는 내가 말하는 것을 들어야 한다며 제자들의 옷깃을 붙잡았고, 내가 떠나야만 어떤 분이 오실 것이라는 말씀을 하셨다. 이것이 성령 강림의 중요성의 척도이다.

주의 성령이 하시고자 하는 것은 그들을 횃불로 변화시키는 것이었다. 그분은 예나 지금이나 입증하는 실제 열쇠다. 예수님께서 말씀하셨다: "나를 떠나서는 너희가 아무것도 할 수 없음이라"(요 15:5). 우리는 포도나무에 붙어 있어야 하고 그분에게서 생명을 얻어야 한다. 성령의 삶은 새로운 제자들의 비밀이다. 우리는 성령이 없어도 큰일을 할 수는 있겠지만 지속적으로 영향을 끼칠 수는 없다.

예수님께서는 그들에게 몇 날이 못 되어 성령을 받을 것이라고 말씀하셨다. 그분이 말씀하신 대로 십자가에 못 박히신 후 정확히 50일 만에 오순절 날 그 일이 일어났다. 성전에서 그들은 곡식 단을 흔들면서 추수를 공공연하게 축하했다. 그날이 약속된 날이었다. 하늘이 땅을 터치했고 하늘로부터 성령 하나님이 이 땅에 역사하기 시작하셨다. 그때 성령이 이 세상에 오셨다. 영적인 상황은 성령 시대에 적합했다. 이것은 새로운 시대의 시작이었다.

오순절 날 제자들은 "하늘로부터 보내신 성령을 힘입어 복음을 전하는 자들"(벧전 1:12)이 되었다. 성령이 명백히 강림하셨고, 예수님께서 하늘로부터 오셨을 때와 같이 이 세상에 오셨다. "말씀이 육신이 되어"(요 1:14) 베들레헴의 문으로 예수님이 들어오신 것이다. 예수

> 신약성경에는 사도들이 받은 것이 필요 없다거나 오직 사도들만을 위한 것이라는 말씀은 없다.

님께서 인간의 형상으로 옷 입으셨듯이, 마찬가지로 성령이 제자들과 함께 거하는 것처럼 성령은 제자들로 옷 입으셨다. 세상은 그분을 받아들일 수 없었지만 수백 명이 예수님을 사랑했고, 그들 중 이 세상의 남자, 여자, 사도들 그리고 120명의 제자들이 첫 번째로 성령으로 충만함을 입는 사람들이 되었다. 그들은 단순히 같이 앉아 있었다. 서 있지도, 무릎을 꿇거나 기도하지도 않았고, 예수님이 그들에게 가르쳐 주신 대로 기다렸다: "예루살렘을 떠나지 말고 내게 들은 바 아버지의 약속하신 것을 기다리라(행 1:4). 그리스도께서는 하늘로 승천하신 후 아버지께 그분의 선물이신 성령을 보내실 것을 요청하여 10일 만에 그분이 오셨다.

그날은 하나님의 다이어리에 실재하는 날 중 하나였다. 조수에 의해 생기는 파도처럼 성령은 오셨고, 모인 사람들에게 우주 끝까지 창조하신 창조주와 같은 그분의 능력이 임했다. 그분은 하나님의 살아 계신 영으로, 모인 사람들을 자기 자신으로 채우셨다. 육신과 피는 그분이 거하시는 처소가 되었다.

성령은 조용하게 임하시지 않았다. 그분은 120명을 통해 자신의 도착을 알리셨다. 그분은 모인 그리스도인들이 방언과 예언으로 말하도록 하셨다. 제자들과 사도들에게 이 날은 아주 위대한 날이었다.

성령은 아버지와 아들의 사랑의 영이다: "우리에게 주신 성령으로 말미암아 하나님의 사랑이 우리 마음에 부은바 됨이니"(롬 5:5). 이 사랑은 그리스도인들을 움직이기 시작했고 그들을 통해 역사하셨다. 그들은 성령이 만드신 대로 되었다.

이 사건은 모델이다. 이미 그리스도를 믿는 그리스도인들은 이보다 훨씬 더 깊고 더 강력한 방법으로 성령을 알 수 있다. 사도들은 그리스도인들의 모델이다. 그 밖에 누가 그렇게 될 수 있을까? 성경 시대에도 다른 사람들이 같은 경험을 했다. 베드로가 발견한 것처럼 말이다: "하나님이 우리가 주 예수 그리스도를 믿을 때에 주신 것과 같은 선물을 저희에게도 주셨으니"(행 11:17). 이 성령 세례는 '교회 전체를 위한 것'이 아니라 그들 개개인을 위한 것이다. 고넬료의 집안사람들처럼 다른 사람들도 성령을 받았다. 신약성경에는 사도들이 받은 것이 필요 없다거나 오직 사도들만을 위한 것이라는 말씀은 없다. 오히려 베드로의 메시지는 분명하다: "베드로가 가로되 너희가 회개하여 각각 예수 그리스도의 이름으로 세례를 받고 죄 사함을 얻으라 그리하면 성령을 선물로 받으리니 이 약속은 너희와 너희 자녀와 모든 먼데 사람 곧 주 우리 하나님이 얼마든지 부르시는 자들에게 하신 것이라 하고"(행 2:38~39).

제자들에게 그와 같이 주어졌고 성령과 전능자의 현현으로 더불어 복음을 선포하는 것이 필요할지라도 그들이 권한 없이 하나님의 일을 수행할 수 있을까? 우리가 그들보다 더 낫지 않을까? 우리는 분명 하나님께서 우리에게 주실 수 있는 모든 것이 필요하고, 이 세상도 그와 같이 갖추어진 사람들이 필요하다.

4부

수 세기 동안 사람들은 이런 하나님의 충만함이 필요하다는 것을 인식했지만 오늘날에는 그것이 가능하지 않다고 생각하는 경향이 있었다. 오직 최근에 와서야 사람들은 이것이 바로 모든 그리스도인들이 갖고 있는 상속권임을 깨닫게 되었다. 오늘날 지구상에서 5억 또는 조금 더 되는 사람들만이 이것을 알고 있으며, 수백만 명만이 그것을 즐기고 있을 뿐이다.

세례 요한을 통하여 주어진 약속은 성령과 불의 '세례'이다. 헬라어 baptizo는 현재 종교적인 용어로 사용되고 있지만 원래는 '잠기다'라는 뜻이다. 세례 요한은 사람들을 요단강에 '잠기게' 했다. 이 단어는 일반적으로 천을 염료에 잠근다는 것을 의미하는 것으로, 염료 안에 천이, 천 안에 염료가 잠기는 것이다. 이것은 하나의 좋은 그림이다. 성령 안에 그리스도인들이, 그리스도인들 안에 성령이 있다. 천이 잠긴 용액에 따라 그 색깔의 특성이 취해지듯이 그들이 세례를 받은 요소의 본성을 취하게 된다. 즉 성령을 통해 하나님을 닮아 가게 되는 것이다.

성령이 오시기 위해 예수님께서 실제로 이 세상을 떠나셨다는 것을 깨달을 때 깜짝 놀란다: "내가 떠나가지 아니하면 보혜사가 너희에게로 오시지 아니할 것이요"(요 16:7). 성령이 우리에게 오심은 신비하지만 실제이다.

물론 하나님께서 역사하실 때 여러 가지 의문이 생긴다. 사람들은 성령 세례가 구원을 받고 난 후에 받게 되는 '두 번째' 축복이 아닌가 의아해한다. 오순절 날 세례는 단 한 번일까? 제자들이 영원히 온 교회를 위해 대리인으로 세례를 받은 것일까? 한 번의 세례, 여러 번의 충만함?

우리는 다시 이 책의 뒷부분에서 이런 종류의 질문에 대해 살펴보게 될 것이다 (예를 들면, 12장). 그러나 우리가 지식이 있을지라도 우리는 분류하고 사역을 편리한 꾸러미로 만들기 위해 종종 우리의 지적 수용력을 넘어서는 하나님의 사역을 알고

> 천이 잠긴 용액에 따라 그 색깔의 특성이 취해지듯이 그들이 세례를 받은 요소의 본성을 취하게 된다. 즉 성령을 통해 하나님을 닮아 가게 되는 것이다.

있어야 할 필요가 있다. 일어난 일에 대한 분석과 설명할 수 없는 우리의 무능력이 하나님께서 행하신 일을 손상시키는 것은 아니다. 하나님께서는 우리의 합리적 생각보다 위에 계신다. 성령 세례는 속죄와 같다. 여기에 다양한 이론들이 있다. 일의 진상은 그리스도께서 깊이 빠지셨는데 아무도 그 깊이를 영원히 잴 수 없다는 것이다. 우리가 죽였던 하나님의 아들의 죽음으로 어떻게 아버지가 우리와 화해했는지 인간의 마음으로는 이해할 수 없는 것이다. 우리는 우리의 구원을 보증하는 장소가 어디인지 안다. 동일하게 예수님은 성령으로 세례를 받으시고 우리도 성령이 오실 때 능력을 받게 된다. 이것이 그분의 사역이고 우리는 그분의 대리인들이다. 우리가 알고 있는 하나님은 결코 실수하지 않으신다는 말씀에 동의한다(행 1:7을 보라).

부활 후에 제자들은 동요했고 겁을 먹었다. 그들에게 무슨 일이

일어날까 두려워서 숨어 있었다. 확실히 세례가 필요했고 그들에게 능력이 부여되었다. 그리고 우리도 그렇게 된다. 하나님께서 우리가 필요한 것을 주실 것이다: "나의 하나님이 그리스도 예수 안에서 영광 가운데 그 풍성한대로 너희 모든 쓸 것을 채우시리라"(빌 4:19). 이 세상에서 성령의 능력을 없애도 좋은 것으로 바꿀 수 있는 것은 없다. 우리에게 성령의 능력을 대신할 수 있는 대안은 없다. 어떤 방법이나, 방식이나, 계획이나, 접근 방법은 없다. 성령은 역사하셔야 한다. 이 세상은 여전히 구원이 필요하고 확신이 필요하다. 그리고 성령 없이는 불가능하다.

성령은 오래된 종교적 유산 주위를 떠다니는 두려운 느낌이 아니다. 만일 성령이 나타났다면 그것은 성령 충만한 사람들을 통해서다. 그리스도인들에 대한 메시지는 이것이다: "오직 성령의 충만을 받으라"(엡 5:18). 우리가 충만함 없이 살아갈 수 있다면 우리에게 충만함을 받으라는 말이 필요 없었을 것이다.

예수님은 구하는 사람들에게 성령을 주시는 하나님께 구하고, 찾고, 두드려야 한다고 말씀하셨다(눅 11:9-13). 이것은 이따금 구하라는 의미가 아니라 항상 구하는 자, 찾는 자, 두드리는 자로서 하나님께 열려 있어야 한다는 의미이다. 하나님께서는 복을 받을 준비가 되어 있는 사람들을 인정하실 것이다. 하나님께서는 우리에게 당신의 말씀을 주셨다. 그리고 우리는 그분의 약속을 붙잡아야 한다.

"충만을 받으라"—설교자들은 자주 헬라어가 '충만을 받으라'라는 의미라고 설명하지만, 그와 동시에 오해를 한다. 이것은 가끔 새로운 충만함을 추구하라는 의미가 아니라 오히려 그 반대이다.[1] 헬라어에서 이 동사는 지속적인 상황을 나타내는 것, 즉 계속 충만해 있는 상태를 말한다. 한 번 받은 성령은 '내주하며', 증발되는 것도 아니고, 보충해야 하거나 갱신해야 하는 것도

> 성령을 받은 첫 그리스도인들이 최초의 브랜드이다. 그들은 과거의 인격이 그 당시 인격의 그리스도인들이 되었다. 우리는 같은 성령이 필요하다.

아니다. 이는 흐르는 강물 속에 서 있는 것과 비교할 수 있다. 사도행전에서 선한 남자들이 선택된 이유는 그들이 성령 충만했고 그들의 인격이 반듯했기 때문이다.

우리가 충만하기 위해서는 예수님이 말씀하신 것처럼 구해야 한다. 이것은 느긋하게 요청하는 것을 의미하지 않는다. 구하고, 찾고, 문을 두드리는 것이 삶의 스타일이 되어야 한다. 성령은 그분이 원할 때 준비된 사람들에게 오신다. 우리는 자판기에 돈을 넣고 손잡이를 당기면 초콜릿이 나오는 것처럼 성령을 받을 수는 없다. 반면 그분은 우리가 항상 찾지만 결코 발견할 수 없는 것을 영원토록 구하라는 뜻으로 말하지 않으셨다: "찾는 이가 찾을 것이요"(눅 11:10). 그리고 그들은 구했던 것을 발견한 때를 안다. 성령 세례는 믿음으로 받지만 그 증거는 따르는 표적이다.

사도들은 가이사랴에서 이탈리아 사람들이 성령 받았음을 알았다. 왜냐하면 그들이 방언을 말했기 때문이다. 이것이 우리가 받기

---

1) 헬라어 pleroo에서 유래된 pleerousthe, 가득 참이란 현재진행형의 피할 수 없는 수동적인 의무이다.

원하는 성령의 확실한 표적이다. 기독교는 믿음을 요구하지만 믿음에 반응한다—하나님은 하나님 안에서 우리의 믿음이 되지 않으신다. 이사야의 표현을 빌린 이 약속은 "못이 단단한 곳에 박힘 같이"(사 22:23)이다. 성령을 받은 첫 그리스도인들이 최초의 브랜드이다. 그들은 과거의 인격이 그 당시 인격의 그리스도인들이 되었다. 우리는 같은 성령이 필요하다.

5부

성령을 받은 모든 사람이 방언을 말했을까? 일반적인 대답은 확실히 "그렇다"이다. 다시 말해서, 만일 이 세상에서 모든 것이 완벽했다면 그렇게 되었을 것이다. 하나님은 종교적 규칙이 없으시다. 그분께서 행하시는 일은 우리의 믿음을 따라 그분이 할 수 있는 일이다. 방언 없이 성령 세례를 받을 수 있다고 말하는 사람들은 신약성경을 볼 때 마음 편히 말할 수는

> 성령은 인간의 의지에 따라 주어지는 것이 아니고 하나님의 주권적인 역사다.

없을 것 같다. 왜냐하면 모든 경우에 그들 모두가 방언을 했음을 매우 확실하게 보여 주고 있기 때문이다. 만일 사람들이 방언에 대한 두려움에 빠진다면, 혼동된 가르침을 받거나 어쩌면 잠재의식의 또 다른 판단력을 가지게 될 것이다. 성령은 사람들이 관습에 따라 행했던 모든 것을 중지시키고 표적을 주심으로 만족하게 하신다. 어떤 사

람은 성령은 믿지만 방언은 믿지 않는다. 그러므로 그들의 믿음에 따라 주어진다. 이들에 대한 중요한 질문은 '방언을 말하는 증거 없이 그들이 어떻게 성령으로 충만해졌는지 알 수 있을까?' 이다.

만일 우리가 세상에 나가서 사악한 세상의 도전에 직면하게 된다면, 우리가 성령으로 세례 받았음을 아는 것은 매우 중요하다. 이런 지식과 함께 우리는 감히 앞으로 나아갈 수 있고 그분이 우리와 함께 계심을 안다. 제자들은 이런 확신을 갖고 있었다. 이것 없이 우리가 할 수 있을까? 제자들은 성령이 그들과 함께하심을 알았다: "제자들이 나가 두루 전파할쌔 주께서 함께 역사하사 그 따르는 표적으로 말씀을 확실히 증거하시니라"(막 16:20). 만일 우리가 믿는다면, 성령 사역은 표적으로 입증된다.

만일 사람들이 방언의 표적을 위해 성령께 구했지만 오랜 기간 동안 그 선물을 받지 못했다면, 그들은 낙담할 것이고 하나님이 정말 귀 기울이실까 의아해한다. 정말일까? 그렇다면 방언 없이 성령을 구해야 할까? 그것이 어떻게 도움이 될까? 하나님께서 그들에게 귀 기울이신다는 것을 알 수 있는 다른 방법이 있을까? 방언에 대한 그들의 '문제'는 방언을 믿지 않는다고 해서 풀리지 않는다.

방언으로 말하는 일은 노력한다고 되는 것이 아니다. 우리는 방언으로 말하는 법을 '배우지' 않는다. 테크닉, 방법 그리고 사역도 방언을 말하게 할 수는 없다. 성령은 인간의 의지에 따라 주어지는 것이 아니고 하나님의 주권적인 역사다. 이 은사는 재능이 아니라 하나님 자신, 즉 성령이시고, 능력이나 불이 아니라 그분 자신이시다. 그러나 우리는 기도로 다른 사람을 도울 수 있고, 사마리아에서 사도들이 행한 것처럼 또는 에베소에서 바울이 한 것처럼 안수함으로 도울 수 있다. 우리의 자세는 겸손과 준비됨이다. 베드로가 아직 말하고 있을 때에 성령이 그들 위에 내려오셨다. 이것은 베드로가 고넬료의 집에서 가르친 것이다.

우리의 전도 사역에서 우리는 항상 모든 사람들이 성령으로 세례 받기 위해 기도한다. 이것은 우리의 사역 초창기부터 하나님께서 우리에게 명령하신 것이었다. 그 성령은 이제 많은 나라에서 역사하신다. 우리는 항상 놀라운 부흥을 목격하고 있다. 표적이 따르는 성령으로 세례를 받은 수백만의 사람들은 하나님이 그들을 사랑과 능력의 도구로 삼으셨다는 것을 확실히 알고 나아간다. 이 역시 19세기 그리스도인들이 믿은 능력이고, 이 능력이 온 세상을 복음화 하기 위해 그들에게 채비를 갖추게 했다.

Reinhard Bonnke

기적은

하나님의 임재의 최고의 표적도 아니고

하나님을 찾는 진정한 목적도 아니다.

기독교는 그리스도다.

우리는 우리 주 예수님을 성령에 의하여 섬긴다.

CHAPTER 5

"유쾌하게 되는 날이 주 앞으로부터 이를 것이요"

(사도행전 3:19)

하나님께서는 유쾌한 날을 진행하시고 시작되게 하신다. 진보는 발걸음의 속도가 아니라 갑작스런 도약으로 등장한다. 전진의 첫 번째 중요한 단계는 그리스도의 탄생 1,500년 전에 모세를 통하여 시작됐다. 세상은 살아 계신 하나님에 대한 지식을 받아들였고, 이는 가장 중요한 하나님의 신성한 자기 계시였다. 이것은 단순한 정보 하나가 아니라 구원하는 지식이다. 두 번째 기록할 만한 발전은 다음 1,000년 동안 일어나지 않았고 헬라인들 사이에 사상만 고조됐다. 가장 위대한 발전은 기독교다. 많은 변화가 뒤따랐다—르네상스, 종교개혁, 산업혁명 그리고 과학의 시대. 그러나 가장 근본적인 변화는 예수 그리스도의 진리다.

기독교 시대에 기독교적 획기적인 사건들이 있었다. 이 책은 기독교 역사 중 새로운 것, 즉 오순절/은사, '갱신' 운동, '성령의 재발견'

에 대한 책이다. 수백만의 그리스도인들이 성경의 약속을 새롭게 붙잡고 있다. 이런 세계적인 부흥은 20세기 바로 첫날 변방의 한구석에서 시작되었다(오순절의 첫날 다락방에서 교회가 시작되었듯이). 이것은 예배 스타일과 태도에 엄청난 변화를 동반하는 개인적으로 깊어지는 믿음에 대한 것이다. 이 사건은 온 세상의 거의 모든 교회에 영향을 끼쳤다. 영으로 세례를 받는 일은 거룩한 충격으로 이해될 수 있다.

19세기 그리스도인들은 전 세계의 부흥을 위해 기도했고 그것에 대해 들었다. 갱신 운동은 그 자체가 세계 '부흥' 이다. '부흥' 이라는 말은 성경적인 표현은 아니지만 영적인 사건의 독특한 형태를 설명하기 위해 선택된 단어다. 기독교 그 자체가 부흥이다. 사람들은 어떤 사건을 '부흥' 이라고 불렀고 무엇이 부흥인지 물어보았다! 이것은 분명히 우리가 말한 것이지 하나님께서 말씀하신 것은 아니다.

> 변함없는 존재인 하나님, 그 하나님의 능력은 단계가 없다. 인간처럼 '좋고, 더 좋고, 최선이다' 라는 단계가 없다. 완전하고, 전능하고, 모든 것 되신 하나님은 그분이 행하신 모든 것 뒤에 계신다.

부흥은 흔히 '하나님의 비범한 사역' 이라고 설명된다. 이는 인간의 관점에서 공정한 설명이지만, 때때로 하나님의 특별한 행사라고 생각하는 것이 옳지 않을까? 하나님께서 자신에 대해 말씀하신 것, 즉 변하지 않는 하나님을 그냥 편하게 받아들이기만 하면 될까? 그분은 어떤 것도 반쯤 행하시는 경우는 없다. 항상 그분의 위대하심을 온전히 드러내신다. 마치 태양이 정오에 최고점에서 빛나듯이 하나님은 야고보서 1장 17절에서 말씀하듯 "회전하는 그림자도 없으시니" 항상 정점에 계신다. 항상 온전하시고, 완전하게 행하신다. 변함없는 존재인 하나님, 그 하나님의 능력은 단계가 없다. 인간처럼 '좋고, 더 좋고, 최선이다' 라는 단계가 없다. 완전하고, 전능하고, 모든 것 되신 하나님은 그분이 행하신 모든 것 뒤에 계신다.

만일 우리 중조부들인 19세기의 믿는 자들이 오늘날 기독교적 삶을 볼 수 있다면, 그들은 성령에 강하게 순응하는 그리스도인들의 태도에서 성령이 강조되는 것에 충격을 받았을 것이다. 그 결과 예수님은 초점을 맞추는 분명한 분이시고, 인격자이시며, 일상생활에 친구시다. 성령의 기름부음을 받은 예배는 90년 전의 가사 "예수! 예수! 예수! 내가 아는 가장 즐거운 이름. 나의 모든 소원을 채우소서. 내가 가는 길에 항상 찬양하게 하소서!"[1]와 같은 새로운 찬양 형태의 새로운 예배 스타일을 가져왔다.

성령의 갱신은 '예수교'라고 불렸다. 성령에 대한 희미한 초점은 그리스도에 대한 견해를 희미하게 한다. 왜냐하면 성령만이 예수님을 계시할 수 있기 때문이다.

예수님께서 말씀하셨다: "내가 아버지께로서 너희에게 보낼 보혜사 곧 아버지께로서 나오시는 진리의 성령이 오실 때에 그가 나를 증거하실 것이요"(요 15:26), 그리고 "그가 내 영광을 나타내리니 내 것

> 하나님께서는 오직 사람을 통해서 이런 생명 안에 역사하신다. 믿음의 마음, 계획을 위한 마음, 사역하는 손은 항상 성령의 능력을 끌어당긴다.

---

[1] 1910년 루터 B. 브리저스(Luther B. Bridgers) 작곡

을 가지고 너희에게 알리겠음이니라"(요 16:14). 기독교의 믿음은 초자연적인 믿음 그 이상이다. 현현은 외적인 표적이다. 하나님이 행하셨거나 행하실 위대한 일은 그분의 아들을 우리의 구원을 위해 주신 것이다. 이 엄청난 영향력은 어떤 것보다 먼저 우리의 생각을 사로잡아야 한다. 무엇보다도 먼저 하나님에게 관심을 가져야 한다. 기적은 하나님의 임재의 최고의 표적도 아니고 하나님을 찾는 진정한 목적도 아니다. 기독교는 그리스도다. 우리는 우리 주 예수님을 성령에 의해 섬긴다.

오순절 날에 함께 모인 120명의 제자들은 성령을 받았다. 우리는 그들의 삶 전체를 통해 그들을 위해 무엇을 했는지 말할 수 없다. 성경은 이것에 대해 충분히 말하고 있지 않지만 전체적인 결과는 2,000년 전의 끔찍한 세상에서 적어도 자신의 방법을 만들었다는 사실에 의해 평가받아도 좋다. 우리는 베드로, 야고보, 요한, 마리아 그리고 그리스도 안에서 그녀의 자매들을 통해 회심한 그들의 열매다. 평범한 사람들이 사도행전 2장의 경험을 통해 비범한 사람이 되었으며, 이는 오늘날 우리를 향한 하나님의 약속이다.

만일 느낄 만한 어떤 실망감이 있다면, 그것은 '오늘날 교회사에서 성령의 부흥이 왜 이렇게 늦게 왔는가?' 이다. 하나님께서는 전능하시지만 그분이 우리에게 주신 자유의지가 없어지지 않았기에 원하시는 모든 것을 항상 행하실 수는 없다. 설교와 말씀 증거 그리고 기도뿐만 아니라 듣는 자들의 반응, 이 두 가지의 기초적인 요소가 필요하다.

하나님께서는 오직 사람을 통해서 이런 생명 안에 역사하신다. 믿음의 마음, 계획을 위한 마음, 사역하는 손은 항상 성령의 능력을 끌어당긴다. 어떤 사람의 삶에서 그의 사람됨을 무효로 할 수는 없다. 하나님에 대한 묘사가 부족하다. 만일 우리가 주님을 섬기기 원한다면, 주님은 우리가 하나님을 섬기기 원하신다. 그리고 주님은 우리를 위해 이루시려는 어떤 섬김이 있다. 이것이 인생 최고의 특권이요, 운명이다.

CHAPTER 6

성령의 불과 열정

'하나님의 침묵'은 잘 알려진 주제이다. 그러나 그것은 하나님을 부정확하게 말하는 것이다. 그리스도의 이름 '말씀'은 침묵하는 하나님이라고 말을 꺼내기 어렵다. 오순절 날 성령은 120명의 입을 통해 말씀하셨다. 그분은 토네이도의 굉음으로 임하셨고 방언을 말하는 120명의 남녀가 큰소리로 찬양할 마음이 일어나게 했다. 그들은 말했지만 하나님은 그들에게 하나님의 소리를 메아리처럼 직접 말하는 능력을 주셨다. 우리는 이 일이 수많은 군중들을 끌어당겼다는 기록을 사도행전에서 읽을 수 있다. 하나님은 능력의 은밀한 거처에서 나오셔서 자신을 계시하셨다. 거기에는 운행과 격동이 있었다.

하나님은 결코 벙어리가 아니시다. 다윗은 이 점을 강하게 지적했고 "입이 있어도 말하지 못하"(시 115:5를 보라)는 이방 신들을 조롱했다. 고린도전서에서 바울도 또한 "말 못하는 우상"(고전 12:2)들과 성령의 언어적 은사들인 방언들, 방언 통역, 예언, 지식의 말씀 그리고 지혜의 말씀을 비교했다. 이렇게 말하는 능력들은 하나님의 은사들이고 말씀하시는 하나님의 전형이다. 이 은사들은 놀라우며, 인간의 재능을 완전히 초월한다. 아무도 이런 은사를 하나님께 제안하지 않았다. 이 독특한 '은사들'은 하나님의 속성을 표현한다. 침묵하시는 하나님에 대한 교리를 만들어 낼 수 있는 성경 구절은 찾기 어려울 것이다. 이것은 성경의 내용이 전혀 아니다. 사람들은 하나님을 부른다. 왜냐하면 하나님은 들으실 수 있는 분으로 그들이 알고 있기 때문이다. 그 하나님은 들으실 수 있는 분이시다. 침묵하는 하늘은 우리를 두렵게 한다. "주께서 내게 잠잠하시면 내가 무덤에 내려가는 자와 같을까 하나이다"(시 28:1)라고 시편 기자는 부르짖는다.

하나님께서 말씀하시는 것은 그분이 원해서 말씀하시는 것이지 우리가 그것을 촉구해서 말씀하시는 것은 아니다. 이것은 그분의 성품과 성향에서 생긴 것이다. 그분은 속삭이지 않으신다. 최소한 시내산에서 당신의 뜻을 알리셨을 때에도 속삭이지 않으셨다. 그분의 목소리는 나팔과 같았고, 산이 요동하고 진동했다. 사람들이 모세에게 간청했다: "당신이 우리에게 말씀하소서 우리가 들으리이다 하나님이 우리에게 말씀하시지 말게 하소서 우리가 죽을까 하나이다"(출 20:19). 오래된 찬송 중 하나는 "예수님의 속삭임을 들으라"였다. 이 찬송의 작사가가 이끌어 낸 복음서는 분명히 내 성경에는 없는 것 같다. 우리는 예수님께서 조용히 말씀하시는 것을 들을 수 없다. 그러나 우리는 그분이 소리쳐 말하고, 바다에게 선포하며, 더러운 영을 쫓아내며, 나사로를 일으키며, 수천 명의 군중들에게 말씀하시는 것을 들었다. 십자가 위에서조차 그분은 마지막 순간에 "크게 소리 지르시고"(마 27:50) 자신의 영혼을 하나님께 부탁했다.

하나님은 긍정적이시며, (인간의 표현을 사용한다면) 마음이 따뜻하고, 그분의 말씀은 역동적이고 감동적이다. 하나님과 관련된 모든 것들은 그 무엇이나 살아서 움직인다. 지구상에서 발전해 나가는 수백만 종류의 생명체들은 모두 하나님의 작품들이다. 하나님의 본성은 사랑이시다. 창조의 영광과 십자가 위에서 그리스도의 위대한 사랑의 열정을 통해 표현된 격렬하고 열정적인 뜨거운 사랑이다. 우주는 말씀이 선포되었을 때 존재하게 된 하나님의 외침의 표시이다.

성경의 하나님께서는 조용하게 섬김을 받지 않으신다. 말이 없는 침묵과 움직임이 없는 정지 상태는 성령과 불로 세례를 주시는 예수님에 대한 적절한 표현이 아니다. 그분은 자신의 제자들에게 "주의 집을 위한 열성이 나를 삼켰나이다"(요 2:17, NKJV)라는 말씀을 기억하게 하셨다. 성경이 우리에게 설명하는 예배는 조심스럽게 위엄을 주입시키는 것은 분명 아니다. 말씀 자체가 열정, 엎드려 경배, 음악, 찬양, 악기 연주, 넘치는 기쁨을 권한다.

만일 대단한 열정의 하나님이 믿는 자들에게 임한 영향으로 인해 그들의 침묵이 사라졌다면 우리는 놀라지 않으면 안 된다. 방언은 우리가 기대해야 하는 특이한 것이다. 성경에서는 퀘이커 교도나 불교 신자 스타일처럼 침묵의 묵상을 위해 함께 모인 예배자들을 결코 찾을 수 없다. 초대 교회의 모임은 "일심으로 하나님께 소리를 높여"(행 4:24) 기도했다. 그들은 항상 소리를 냈다. 기도는 결코 침묵이 아니다. 한 여인이 조용히 기도하며 오직 입술만을 움직였을 때 이스라엘의 대제사장은 그녀가 술에 취한 것으로 생각했다(삼상 1:13-14). 기독교 역사에서 침묵 기도는 수 세기 동안 생소한 것이었다.

예배에는 열정과 하나님의 성품에 대한 엄청난 증언이 있는데 방언이 예배에 어울리지 않을 수 없다!

> 진정한 믿음의 상실은 우리의 격렬한 성미를 억누르고 생기를 무디게 한다. 성령 충만한 사람은 성령에 대해 카리스마적인 열정을 갖고 있다.

여기에는 논쟁거리가 있는 것 같다. 열정은 인간의 본성이다. 현대의 문명은 우리를 길들이고, 우리에 가두고, 소리치는 것을 금지시켰다. 이 문명은 시내에서 8.2마일 떨어진 곳에 사는 스미스(Mr. Smith) 씨와 같이 유순하며, 단조로우며 그리고 통제된 도시민을 만들어 냈다. 진정한 믿음의 상실은 우리의 격렬한 성미를 억누르고 생기를 무디게 한다. 성령 충만한 사람은 성령에 대해 카리스마적인 열정을 갖고 있다. 우리는 하나님의 형상으로 만들어졌고, 그분은 움직임도 없고 비정한 존재도 아니라고 성경은 적어도 그렇게 묘사하고 있다. 성령 충만과 같이 알코올은 울적함을 제거하는 한 가지 방법이다. 그러나 성령 충만이 훨씬 더 낫다.

하나님을 향한 예배는 넘치는 감정을 발산할 수 있는 모든 기회 중 가장 좋은 것이다. 하나님을 예배하기 위해 우리는 중압감과 우리를 억누르는 사회적 관습을 없애고 우리의 영이 솟구치도록 해야만 한다. 어떤 종교는 항상 인간의 본성이 확실한 모습으로 발산된다. 하나님을 예배하는 것은 인간의 본성에 가득한 감동으로 영이 위를 향하게 한다. 하나님의 위대하심에 대한 경외심, 헌신, 경배는 우리가 '하나님 앞에 벌거벗은 자' 같이 거리낌 없는 자신들로 변화되도록 허용한다.

구약성경에는 진정한 예배에 대한 기록이 많지 않다. 다윗이 그의 아내인 미갈의 혐오를 불러일으킬 만큼 하나님 앞에서 즐거움으로 거리에서 옷이 벗어질 정도로 춤을 춘 일은 아마도 흔하지 않다. 그럼에도 불구하고 '예배'라는 단어는 신체적인 표현을 포함하며, 사람들이 예배에서 스스로 엎드리는 것은 특별히 이례적이지 않다.

설교자들은 열정적인 한 예로서 그리스도인들에게 축구를 종종 인용한다. 게임은 소리를 크게 지를 수 있는 전통적인 기회로 인식되어 있다. 다른 게임들도 흥분되지만 관중들은 비교적 절제하는 편이다. 큰 경기의 분위기는 축구가 그렇게 대중적으로 인기를 끄는 비결의 일부분이다. 경기장은 축구를 위해 가장 신성시 된다. 마치 후원자들이 마음껏 자기편을 응원할 수 있는 성지 같은 곳이다. 경기장에서 모든 사람들이 똑같이 행동하는 것에 대해 이상하게 생각하는 사람은 아무도 없다. 그렇지 않을까? 이런 경우 인간의 본성을 적나라하게 보여 준다.

> 성령의 아홉 가지 열매 중에 위엄은 포함되어 있지 않다. 위엄은 십자가에 달리신 예수에 대한 반응이 아니다.

열정에 대한 반대자들이 있다. 19세기에 쇼펜하우어(Schopenhauer)는 열정을 눈멀고 어리석은 노력이라고 비난함과 동시에 편견에 사로잡히지 않는 포스트모던적인 태도는 모든 것을 농담으로 여긴다고

말했다.[1]

모든 율법 중 으뜸가는 율법은 "네 마음을 다하고 목숨을 다하고 뜻을 다하고 힘을 다하여 주 너의 하나님을 사랑하라 하신 것"(막 12:30)이다. 이것은 전적으로 열정을 보이라는 부르심으로, 최고 수준의 열정을 보이는 것이 가장 적합한 것이다. 이는 어떤 구기 종목 경기보다도 더한 것이다. 멜 깁슨(Mel Gibson)의 영화 〈패션 오브 크라이스트〉(The Passion of the Christ)는 예수님에게 가해진 비인간적인 냉혹함을 그리고 있지만, 하나 빠진 것은 예수님은 더 열정적이라는 것에 대해 분명히 묘사하지 못했다는 사실이다. 하나님의 뜻을 행하는 일과 잃어버린 세상을 구속하고자 하는 예수님의 열정을 묘사하지 못했다. 만일 우리가 축구 경기를 하나님보다 더 중요하게 여긴다면 우리는 어느 곳에선가 우리의 전선을 잘못 연결한 것이다.

역사상 가장 비극적인 것 중 하나는 예배에서 감정을 억제하는 태도를 채택하기로 결정한 일이다. 장엄함을 '공경'이라고 부르는 것은 영어를 남용하는 것이다. 하나님이 우리를 위해 행하신 모든 일을 기억할 때 '공경'이 어떻게 침울한 것이 될 수 있을까?

하나님을 바라볼 때 감정적이 되지 **않도록** 애쓰는 우리의 노력은 틀림없이 하나님을 놀라게 한다. 전원이 꺼져 버린 것 같은 예배자, 무표정한 얼굴들, 비석과 같이 굳어진 모양을 하나님이 기뻐하실까? 우리들은 교회를 방문한 사람들이 냉담하고, 이집트 미라 같기를 원

---

[1] 닉 폴라드(Nick Pollard), 〈IDEA〉, 2006년 7월호, '스포츠에 대해 말함'(Talking about sport).

할까? 생명의 근원이신 하나님은 우리에게 골칫거리가 필요하듯이 생명 없는 상속자들을 필요로 하신다. 형식적인 예배에는 '위엄'이 있고 용서가 있다. 그러나 성령의 아홉 가지 열매 중에 위엄은 포함되어 있지 않다. 위엄은 십자가에 달리신 예수님에 대한 반응이 아니다. 성경에서 예배자들은 그리스도의 발 앞에 무릎을 꿇었다. 오순절 날 믿는 자들은 그들이 다락방을 떠났을 때 술 취했다고 생각했다. 그러나 내가 아는 한 웨스트민스터성당(Westminster Abbey)이나 로마의 성 베드로성당(St. Peter's)을 떠날 때 어느 누구도 너무 많이 술에 취했다고 생각하지 않을 것이다!

어떻게 교회가 하나님께서 행하신 일에 대해 경솔하게 되었을까? 왜 이런 이상한 태도를 당연한 일로 생각했을까? 하나님은 소멸하는 불이시다! 기독교는 방언으로 시작했다. 그러나 지나면서 밋밋한 성도들이 보는 사제들의 판에 박힌 의식이 예배로 변해 버렸다. 아무튼 성령의 능력에 대한 믿음과 이해가 사라지고 미신이 아닐 정도까지 점점 더 타락했다.

만일 우리가 사도 시대 이후를 되돌아본다면, 우리는 두서너 세대의 기록이 로마의 박해로 말미암아 분실되고 파괴되었음을 알 수 있다. 그리고 약 A.D. 150년경 몬타누스 주교(Bishop Montanus)와 그의 추종자들이 등장한다. 그들은 예언을 했고 성령의 은사들을 주장했다. 그 당시 널리 퍼져 있던 차갑고 형식적인 예배에 대한 반발로 그들의 예배는 열광적이었고 자유로웠다. 주교들은 예언이 그들 자신의 권위를 헤칠 수 있었고 또한 그들의 예배가 너무나 감정적인 것이었기 때문에 몬타니즘(Montanism)을 정죄했다. 그때부터 영적 은사들은 성례를 집전하는 사제들에게만 속한 것이라고 여겨졌고, 종교적인 열정은 사람들이 "악령에 사로잡혔다"라는 의미로 '광신주의'로 정죄되었다. 정열적인 예배에 대해 눈살을 찌푸렸으며, 성령을 억제했고, 냉랭한 예배가 우위를 차지하게 되었다. 수 세기 동안 형식주의가 교회 생활의 표시가 되었다.

인간이란 존재는 선천적으로 열정이 없지 않다. 수 세기 전으로 돌아가 보면 이런 종교적인 구속을 깨는 열정적인 예배의 예가 자주 나타나는 것을 보게 된다. 교회사는 다양한 종류의 활기찬 신앙, 어떤 때는 너무 활기차서 호전적이기까지 한 에피소드들을 포함하고 있다. 가톨릭교회는 견고하고 변화되지 않는 하나의 블록이 아니라 다양한 분파, 다양한 예배의식, 종교적 구도자들, 하나님과 예배에 대한 다양한 생각들을 가진 수많은 그룹들로 이루어져 있다. 그리스도의 재림에 대한 기대가 솟구칠 때 열정으로 가득 찬다. 깜짝 놀랄 만한 한 에피소드에 의하면 약 200년 동안 자신을 매질하는 수백 명의 고행자(Flagellant) 남녀들은 채찍질로 피투성이가 된 모습을 하고 그리스도의 재림을 준비하며 여러 마을을 걸어 다녔는데, 이는 부흥의 중세적인 모습이었다. 그러나 이런 고행의 형태들은 주기적으로 나타났는데, 예를 들면, 심지어 오늘날 멕시코와 필리핀에서도 같은 형태의 모습을 볼 수 있다. 극단주의자들은 항상 우리 곁에 있지만 영적으로 마비되어 기게 만들도록 이들을 문밖으로 밀어내야 한다.

우리 시대에 가까운 18, 19세기에 열광적인 믿음이 다시 나타났다. 웨슬리 파(Wesleyan)의 설교는 극적인 충격을 주었는데, 경련, 소란스러운 외침, 엎드림 등 참석자들은 마치 마비된 것처럼 붙잡혔으며, 겉으로는 종종 흥분 상태에 이르는 반응을 보였다. 신체적인 반응들이 나타났던 모임들을 '부흥' 이라 불렸고, 통상 미국에서 복음적인 모임을 특징지어 '부흥회' 라고 불렸다. 과거의 부흥의 효과가 몇 년 전에 토론토에서 일어났지만, 이어서 다른 부흥이 일어나지는 않았다. 이것은 그저 거대한 바다에서 밀려와서 부서지는 파도임이 증명되었다.

물론 이런 상황이 생길 때마다 하나님께서 모든 것을 하셨는지 아닌지에 대한 의문이 생긴다. 성령에 대한 말씀을 더 이해할수록 복음은 성령의 능력과 현현할 것을 보여 준다. 현현이 무슨 의미인지 성경은 자세하게 말하고 있지 않지만 가시적이거나 물리적인 영향의 어떤 것이 분명하다. 하나님께서는 우리에게 당신의 약속된 능력에 대한 지식을 더 허락하셨다. 성령께서 역사하시는 사건들은 말씀의 약속에 의해 잘 이해할 수 있다.

다니엘과 사도 요한이 천사를 보았을 때 그들은 땅에 엎드렸다. 그 사람이 어떤 사람인가에 따라 그가 보여 주는 힘이 다르다. 우리는 만나는 사람이 어떤 사람이고 우리가 어떤 사람이냐에 따라, 즉 엄격한 사람인가, 재미있는 사람인가, 예의 바른 사람인가, 못된 사람인가에 따라 다르게 반응한다. 그러나 결국 모든 개성은 성령에 의한 것이다. 우리들 자신, 곧 인간이란 존재는 무한한 존재인 그분의 작은 불꽃에 불과하다. 그분 안에 우리가 상상할 수 있는 모든 것이 있고 우리의 모든 것이 있다. 지금까지 존재한 사물과 사람들은 모두 그분의 경이롭게 불타는 태양의 원자 한 개에 불과하다. 만일 우리가 정말 잘 웃기는 코미디언을 본다면, 우리는 (아마도) 그냥 웃게 될 것이다. 만일 우리가 위대한 것을 보게 된다면, 우리는 감탄으로 반응하게 될 것이다. 만일 우리가 관대함과 친절함으로 가득 찬 어떤 남자나 여자의 인상을 마음 깊이 새겼다면, 우리도 그들처럼 되기 원할 것이다.

> 살아 있는 사람들은 생명에 반응한다. 하나님은 살아 계신 하나님이시고 예수님은 부활이시며 생명이시다.

우리는 기뻐하는 사람들과 같이 기뻐하고, 슬퍼하는 사람들과 같이 슬퍼한다. 우리는 무심결에 그렇게 한다. 그러나 살아 계신 하나님의 영이 우리 안에 들어올 때 우리가 움직이지 못하게 되고, 꼼짝 못하게 되고, 감정도 없게 되고, 웃지도 않게 된다고 상상할 수 있을까? 우리가 교회에 가는 길에 마주하게 되는 찬란하게 비춰는 태양 빛과 장엄한 나무들과 푸른 초장의 경이로움은 우리의 입가에 웃음을 머금게 만든다. 그러나 우리는 교회에 도착하여 의자에 앉는 순간 웃음의 스위치를 꺼 버린다. 이것이 우리가 따라야 할 전통일까? 만일 축구 팬들이 경기에서 흥분하여 크게 응원하는 것이 받아들일 수 있는 전통이라면 왜 교회에서는 달라야 할까? 왜 성령을 소멸하고 우리 자신을 냉혹하게 해서 명백한 성령의 위대함에 반응하지 않을까? 만일 하나님께서 우리의 느낌에 아무런 영향을 끼치지 않으셨다면, 우리는 영적인 죽음이 일어났고 사후경직이 시작되었음을 진정으로 의심해야만 한다.

우리는 최근에 그들이 말한 대로 '성령 안으로' 빠져 들어간 몇몇 사람들에 대해 조사했다. 모든 사람들이 그들의 경험은 초자연적이었음을 느꼈다. 그리고 대부분의 사람들은 자신이 최소한 수 초 동안 넘어졌다는 것을 알지도 못했다. 그들은 평안을 느꼈고, 잠시 동안 맨바닥 위에서 누워 있는 일을 즐겼다. 전반적으로 그 일은 그들에게 하나님의 강력한 임재의 느낌을 남겼다. 성령의 역사는 실제 일어난 일이라 할지라도 항상 신비하다. 수많은 외적인 징표가 있지만, 성령의 내재하심의 보증 같이 성경은 방언과 예언을 말함에 있어 모든 믿는 자들을 위한 기준이 된다.

감정과 육체적인 표현을 금지하는 것은 비현실적이다. 하나님은 당신의 성품을 열정적인 사랑이라고 말씀하신다. 만일 우리가 성령을 원한다면, 그분과 충돌하는 태도를 취하는 것은 어리석다. 예수님께서는 대다수의 서양 사람들에게 매우 극단적임을 알 수 있는 아주 많은 감동, 울음, 신음함, 긍휼히 여기는 마음으로 행함을 보여 주셨다. 스토아학파의 방식 같이 우리의 감정을 억누르고, 조용히 자기 자신을 축하하는 태도로 가장하고, 하나님의 관심을 끌어당기는 침착성이 있다면 어째서 하나님의 본성이 사랑이라 할 수 있을까?

우리는 우리의 재킷의 단추를 채우고 침착함의 지퍼를 올리는 것처럼 자기 자신을 강력하게 억제하거나, 제어하거나, 우리의 반응을 통제할 수 있다. 이것은 아주 강하게 또는 존경스럽게 보일 수도 있다. 그러나 성령을 모셔 들이기 위한 입구나 환영 간판은 어디에 있을까? 하나님의 약속은 "어린 아이에게 끌리며"(사 11:6)라는 것이지 기백 있는 남자가 이끈다는 약속은 아니다. 의사가 환자에게 권고하는 것처럼 강대상의 끝을 잡고 몸을 구부려서 성도들과 친근하게 이야기하는 것은 이방 세계를 뚫고 들어간 초대 교회의 추진력에는 어울리지 않는 것이다. 현 세계에는 초대 교회 제자들과 같은 사람들이 필요하다.

살아 있는 존재는 선천적으로 감정을 가진 존재이다. 우리가 아무런 느낌이 없을 때 우리는 죽은 것이다. 묘지의 문을 통과해서 우리가 들어갈 때까지는 어떤 종류의 감정이든 우리의 의식을 통해서 항상 흘러나오게 되어 있다. 우리를 창조하신 하나님께서 그분의 영을 우리에게 보내셨다. 셰익스피어(Shakespeare)는 다음과 같이 멋지게 묘사했다: "왜 피가 따뜻한 인간이 그들의 조상들처럼 조각상 안에 끼어 앉아 있는가?"[2] 어떻게 냉정한 침묵의 자세가 하나님을 위해 취할 점일까? 하나님께서는 불의 하나님이시지 빙산의 하나님이 아니시다. 만일 우리가 살아 있는 표시를 보이지 않는다면, 하나님이 우리 또는 우리와 함께 계신다고 누가 생각할 수 있을까?

아마도 이것이 사람들이 어쨌든 하나님이나 교회에서 떨어져 있는 한 가지 이유다. 우리는 불신앙과 무관심한 사람들을 비난할 수 있지만, 그 원인이 '교회'가 생기가 부족하거나 냉담함과 박식한 체하며 단정한 지금의 이미지 때문은 아닐까? 살아 있는 사람들은 생명

---

2) 윌리엄 셰익스피어(William Shakespeare), 「베니스의 상인」(The Merchant of Venice) 1막 1장

에 반응한다. 하나님은 살아 계신 하나님이시고 예수님은 부활이시며 생명이다. 그리고 그분은 무덤에서 일어나셨다. 그러나 예수님을 대리하는 사람들은 부활한 삶을 항상 그대로 반영하며 살지 못한다. 종교는 무감동한 정직의 전형으로 여겨지는 분명한 상징이다. 지나치게 즐거워하지 말고, 모든 것을 잘 통제하며, 숨을 죽여라. 하나님께서 여기 계신다! 고대 교회에는 죽은 자들을 위해 지나치게 치장한 유골함이 있지만 예수님의 것은 없다. 하나님이 관 안에 들어가 있는 것처럼 보이는 곳의 예배는 부활하신 예수님과는 아무런 관계가 없다. 성령 세례는 생명과 에너지와 큰 기쁨의 세례이다. 성령으로 세례를 받은 사람은 냉랭한 교회에서는 전혀 편안하지 않다.

    치유, 방언, 엎드림, 외침 또는 다른 현상들은 성령의 능력이 우리의 감성에 충격을 줄 때 일어날 수 있는 일들이다. 성령의 임재에 흥분과 경이로운 일을 기대하는 것은 정말 올바른 것이다. 그분은 하늘과 땅의 주님이시다. 주님이 머지않아 나타나시지 않으면 어떤 식으로든 초자연적인 일들을 보는 것은 어렵다.

CHAPTER 7

성령 운동에 대한 이야기

곧 하나님께로 승천할 예수님께서 제자들과 함께 계셨다. 제자들이 질문했다: "주께서 이스라엘 나라를 회복하심이 이 때니이까"(행 1:6). 그들은 완전히 잘못된 생각을 하고 있었다. 예수님께서는 제자들에게 때와 기한에 관심을 갖지 말고, 너희의 할 일은 증인이 되는 것이라고 말씀하셨다. 그들은 이스라엘의 정치적인 독립을 원했지만 예수님께서는 약속된 성령을 기다리라고 말씀하셨다. 그들은 여전히 예수님을 유능한 정치적인 지도자인 두 번째 모세로 생각했다. 예수님께서는 이스라엘보다 더 큰 생각을 하고 계셨다. 그분은 제자들에게 복음을 들고 땅 끝까지 가라고 말씀하셨다(행 1:8).

특별한 경험에 의하면, 성령에 대해 최근에 알려진 것은 모든 장애물을 뛰어넘고 지구상의 모든 이름들과 다양한 믿는 자들을 연결하고 새롭게 복음에 대한 열심을 불러일으킨 것이다.

1999년에 풀러신학교의 신약학 교수인 러셀 스피틀러(Russell P.

Spittler)는 "성령 세례를 받은 대부분의 사람들은 자신의 힘을 알지 못한다. 기독교 역사에서 지난 5퍼센트 동안 그들은 세계적으로 전 기독교에 중요한 힘이 되었다. 단 두 가지 면에서 하나는 전 세계 10억의 가톨릭 성도, 또 하나는 전 세계 그리스도교회의 절반에 해당하는 숫자다"[1]라고 썼다. 이것은 기독교는 쇠퇴하고 있다고 기뻐 날뛰며 우리에게 말하는 사람들의 소망을 조롱하며 마음을 고쳐먹게 하는 힘이다.

성경대학의 지도자인 찰스 파함(Charles Parham)은 정곡을 찌르는 질문을 했다. 그는 휴가를 떠나면서 학생들에게 성경에 대한 몇 가지 과제를 주었다. 그는 형식을 따지지 않고 신약성경에서 성령 세례의 표적을 언급한 구절을 찾아보라고 했다. 이것은 매우 중요하다. 그들이 발견한 것은 긍정적이었고 애매함이 없었다. 성령의 부어 주심은 방언을 말함으로 그분의 오심을 나타냈다. 20세기 첫날인 1901년 1월 1일, 캔서스에 있는 벧엘성경학교(Bethel Bible School)의 젊은 자매 중 하나인 아그네스 오즈만(Agnes Ozman)은 자기에게 손을 얹도록 동료 학생들에게 요청했다. 그녀는 성령으로 충만해졌고 방언을 말했다.

방언은 새로운 것이 아니다. 많은 사람들이 방언을 한다. 그러나 지금 그들은 이것이 무엇을 뜻하는지 안다. 아그네스는 알았다. 그곳엔 오랫동안 간구하던 성령 세례와 성령의 임하심에 대한 하나님의 약속이 있었다. 아그네스는 1937년에 죽었다. 그러나 그녀는 자신이

---

1) 「미국 개신교 내 오순절의 흐름」(Pentecostal Currents in American Protestantism), 1999년, 일리노이스대학 출판사(University of Illinois press)

조용히 받은 것이 열방으로 퍼져 나가기 시작하는 것을 볼 만큼은 살았다. 아그네스 이후에 토피카의 그 학교에서 열두 명의 다른 학생들이 성령을 받았다. 새롭게 세례를 받아 성령의 담대함으로 충만해진 학생들은 강력한 능력으로 이곳저곳에서 전도했다.

'방언들?' 신체적인 영향! 이것은 냉담한 그리스도인들에게 엄청난 충격을 가져왔다. 그리스도인들은 확신하지도 믿지도 못했다. 성령 세례는 전설 같은 터무니없는 소문을 생기게 해서 곧바로 반발을 가져왔다. 어떤 막대기든 개를 때리는 일에 사용될 수 있는 법이다.

6년 후 낡은 목조로 지어진 감리교회에서 흑인과 백인 새신자들이 소그룹으로 함께 모였다. 그들은 말씀의 약속을 알았다. 윌리엄 세이모어(William Seymour)라는 흑인이 인도하고 있었는데, 그는 시끄럽지 않은 영적인 의식을 좋아하는 사람이었다. 그러나 그는 오래된 성경 독서대 뒤에 조용히 무릎을 꿇었고 하나님의 영이 모든 것을 통제하시도록 맡겼다.

그리고 세계의 신문 기자들은 어떤 일이 일어났는지를 발견했다. 그들에게 이것은 충격적이고 보도할 가치가 충분히 있었다. 그리스도인들은 이 뉴스를 읽었고 관심을 갖기 시작했다. 복음주의자들은 '부흥'을 위해 오랫동안 기도했는데 이 부흥은 신체의 변화가 동반되는 기독교 모임이었다. 아주 먼 유럽에서 더 많이 알기를 간절히 원하는 믿는 자들

> 특별한 경험에 의하면 성령에 대해 최근에 알려진 것은 모든 장애물을 뛰어넘고 지구상의 모든 이름들과 다양한 믿는 자들을 연결하고 새롭게 복음에 대한 열심을 불러일으킨 것이다.

이 캘리포니아 LA의 아주사 거리로 몰려 왔다. 그럼에도 불구하고 그들의 체험이 확실히 성경적이라는 주장과 단지 소동의 결과가 부흥이라는 주장은 비판을 불러일으켰다. 50년간 교회는 방언을 의심하며 논했지만 1960~70년대에는 그리스도인들이 이를 인정하기 시작했다.

성령은 모든 교단을 망라하여 자신을 계시하기 시작하셨다. 곧 전통적인 교회에서도 자유롭게 성령을 받아들였다. 오늘날 성령은 마침내 교회에서 인정을 받게 되었다. 전문지인 〈익스포지타리 타임스〉(Expository Times)의 한 평론가는 말하기를 2000년에는 약 5억 명이 이런 은사주의적인 사람들이었다고 했다. 2006년에는 6억으로 인용했는데, 이는 수십만의 새로운 교회들, 기구들, 자선단체, 선교단체, 학교, 학자들 그리고 '거듭났다' 고 증언하는 수백만의 철저한 그리스도인들에게 영적인 대폭발이 일어난 것이다. 이것은 어떤 폭발일까? 신의 본성이 대폭발의 근원임을 우리에게 보여 준다.

지금 시대의 부흥은 19세기 믿는 자들이 '또 다른 오순절' 을 위해 기도해 왔던 것들과 현저하게 똑같이 보인다. 예수님의 제자들은 능력을 받은 후에 '또 다른 오순절' 을 위해 다락방으로 돌아가지 않았다. 우리는 그들이 권능을 회복하기 위해 기도회를 가졌다는 것을 읽어 본 적이 없다. 그들은 한 번 성령을 받은 후에는 다시 성령을 받기 위해 요청

> 예수님의 제자들은 능력을 받은 후에 '또 다른 오순절' 을 위해 다락방으로 돌아가지 않았다. 우리는 그들이 권능을 회복하기 위해 기도회를 가졌다는 것을 읽어 본 적이 없다.

하지 않았다. 하나님이 그들과 함께하심을 확신하기 위한 '일반적인 기도'는 없었다. 그들은 자신이 어떤 존재인지 알았다!

　기독교 자체는 오직 체험에 의해 바르게 알려졌고 성령 또한 그렇다. 예를 들면, 이 책보다 더 많은 것들이 필요하다. 그러나 이 책은 독자들이 성령 체험을 하고 또한 성령의 방법과 뜻대로 우리를 인도하기 위해 쓰였다.

CHAPTER 8

보혜사

예수께서 제자들을 데리고 감람산으로 가셔서 그곳에서 승천하셨다. 그 후 "저희가 [그에게 경배하고] 큰 기쁨으로 예루살렘에 돌아가 늘 성전에 있어 하나님을 찬송하니라"(눅 24:52~53). 예수께서 제자들을 떠나셨지만 그들은 기뻐했다! 주님을 떠나보내어 잃어버린 것인데 제자들이 기뻐했다는 사실은 우리가 예상하는 것과 전혀 맞지 않는다. 전에도 후에도 사랑하는 사람을 잃는 일이 기쁨을 창조해 낸 적은 결코 없었다. 오직 이분을 '잃음'으로 인해 기쁨이 생길 수 있었던 것이다. 이 사건에는 무엇인가 특별한 것이 있는데, 제자들이 기쁨을 멈출 수가 없었던 어떤 놀라운 비밀이다. 그들이 친한 친구로부터 떠나는 일은 마음에 아픔을 가져오지만, 그들은 앞으로 일어날 엄청난 유익을 위해 치러야 할 작은 대가임을 알았던 것이다.

예수께서는 이 일이 다음과 같을 것이라고 경고하셨다: "예수께서 그 묻고자 함을 아시고 가라사대 내 말이 조금 있으면 나를 보지 못하겠고 또 조금 있으면 나를 보리라 하므로 서로 묻의하느냐 내가 진실로 진실로 너희에게 이르노니 너희는 곡하고 애통하리니 세상이 기뻐하리라 너희는 근심하겠으나 너희 근심이 도리어 기쁨이 되리라 여자가 해산하게 되면 그 때가 이르렀으므로 근심하나 아이를 낳으면 세상에 사람 난 기쁨을 인하여 그 고통을 다시 기억지 아니하느니라 지금은 너희가 근심하나 내가 다시 너희를 보리니 너희 마음이 기쁠 것이요 너희 기쁨을 빼앗을 자가 없느니라" (요 16:19-22).

오늘날 예수님께서 하늘로 승천하셨기 때문에 기뻐하는 사람은 많지 않은 것 같다. 이 일에 대해 행복한 사람은 누구일까? 대부분의 세상 사람들은 그분이 돌아오심을 기뻐할 것이라고 본다. 그럼에도 만일 우리가 제자들이 알고 있었던 것을 알았다면, 어쨌든 우리들 중의 몇이라도 기뻐할 수 있는 모든 이유들을 소유할 수 있었을 것이다. '이 세상의 지혜자들' 이 조금도 관심을 갖지 않았을 것이라는 것을 그들은 이해했다.

우리가 모를까? 이 장에서 비밀이 드러나고, 공개된 비밀로 인해 제자들과 같은 기쁨이 생기기를 바란다.

자유주의 비평가들은 자신들이 복음서 기자들보다 더 탁월하다고 스스로 여기면서 승천에 대한 성경의 기록들에 대해 조롱한다. 그들은 제트 추진, 돌풍 그리고 삼층천의 언급과 함께 승천 사건을 조롱한다. 이런 경멸은 그들을 믿지 못하도록 한다. 현대의 비평가들은 정말 성경의 기록자들이 그렇게 무식하고 순박한 사람들이라고 생각할까? 이것이 지성 있는 모습일까? 이것은 불신앙이 눈을 멀게 함을 보여 주는 것이다. 승천은 그리스도께서 아버지로부터 오셔서 그분에게로 돌아가는 것을 묘사하는 거대한 성경 그림의 일부분이다. 예수님께서는 '승천' 하셨다. 비평가들이 이것을 어떻게 설명할 수 있을까?

사실 교회 스스로는 승천에 대한 더 위대한 가르침을 만들어 내지 않았다. 일반적으로 승천은 그리스도의 마지막 사역으로 그분의 최후 승리로 언급된다. 우리는 찬양한다: "그분의 모든 사역이 끝났네. 우리는 기쁘게 노래하네. 예수님께서 승천하셨네. 우리 왕께 영광을."[1] 그러나 그분의 사역은 아직 끝나지 않았다. 결코 끝나지 않을 것이다. 그분은 해야 할 매우 중요한 것을 남겨두고 떠나셨다.

주님의 승천은 하나님 세계의 질서에 근본적인 변화를 초래하는 보혜사 성령의 강림에 대한 아버지의 관심을 나타내는 매우 중요한 약속이다.

예수님께서 지상의 사역을 시작하실 때 그분에 관해 언급된 첫 번째 말은 세례 요한에 의해서이다. 요한은 말하기를 앞으로 오실 분은 성령과 불로 세례를 주실 것이라고 했다(마 3:11). 그러나 진실은 예수님께서 실제로 이 세상을 떠나실 때까지 아무에게도 성령과 불로 세례를 주시지 않았다. 세례 요한조차도 당황했고 자신이 예수님을 잘못 인식한 것이 아닌가라고 의아해 할 정도였다.

사실 성경은 예수님께서 이 땅을 떠나실 때 성령이 아직 이곳에

---

1) '황금 하프의 소리' (Golden harps are sounding), 프란시스 헤버갈(Frances R. Havergal) 작사, 1871년

오시지 않았음을 기록하고 있다: "성령이 아직 저희에게 계시지 아니하시더라"(요 7:39). 세례 요한이 말한 그리스도가 되기 위해서는 그분은 성령으로 세례를 주어야 하는데 예수님께서는 그렇게 하지 않으셨다. 요한은 자신의 예언보다 성령 세례의 사역이 훨씬 더 위대하다는 암시를 깨닫지 못했다.

하나님께서 성령을 보내시기 위해 승천은 필수적이었다. 예수님께서 행하신 기적들을 알면 그분은 누구든지 거룩한 불로 세례를 주실 수 있음을 알았을 것이다. 그분은 사도들에게 귀신과 병을 제어하는 권능을 주셨다(마 10:1). 그러나 그들을 성령으로 충만하게 하시지는 않았다. 성령은 모세나 예언자들처럼 어떤 개인을 사용하신다. 그러나 성경은 예수님이 승천하실 때까지 성령으로 '충만케 되었다'는 인간의 언어를 사용한 적이 없다.

승천은 하늘 자체와 세상의 모든 미래의 역사에 영향을 끼치는 엄청난 거룩한 드라마이다. 이것은 경이로운 개념으로, 우리의 두뇌로는 기록하기 어려운 것이다. 이것은 삼위일체 하나님 모두의 마음속에 있다. 현재는 사람의 아들이지만 하나님의 아들은 성령을 이 세상에 보내시기 위해 아버지와 성령과 연합하셨다. 이 결단이 바로 하나님의 그 마음을 움직였다. 이것이 성령 세례의 엄청난 배경이다. 바로 그 아들이 이 땅에 와서 사셨던 것처럼 성령은 지금 오셔야만 했고 '다른 보혜사'로 존재를 인정받고 우리와 함께 거하신다.

이 일이 일어났다. 성령이 오셨고 지금 이곳에 계신다. 성령은 모든 것들의 창조주이시지만 수치스러운 사람들인 우리의 문제를 위해 그리스도의 갈망을 보여 주시려고 자신을 주셨다. 이것은 우연히 일어난 일도 아니고 쉬운 방법도 아니다. 하나님께서는 함께 우주를 다스리신다. 우리는 그분이 계신 장소에 대한 상상이 어렵다는 것을 알지만 신성한 상담자는 거기에 계셨다. 그곳은 능력의 중심이고 이 중심으로부터 성령이 우리에게 오셨다.

이 심오한 사건은 그리스도께서 우리를 사랑하셨기에 일어난 일이다. 성령은 그분의 선물이고 아버지께서 약속하신 것이 성취된 것이다. 오순절 날 이전에 성령은 아버지의 뜻을 행하기 위해 그리스도를 통해 역사했다. 그리스도의 긍휼은 아버지의 긍휼을 그대로 보여준다. 예수님께서 하나님의 뜻을 본 대로 행하셨고, 인간을 구원하고, 치유하고, 그분에게 데리고 오는 것을 하나님께서 원치 않으신 경우는 한 번도 본 적이 없었다. 하나님의 사랑은 아버지, 아들 그리고 성령의 사랑이다.

> 주님의 승천은 하나님 세계의 질서에 근본적인 변화를 초래하는 보혜사 성령의 강림에 대한 아버지의 관심을 나타내는 매우 중요한 약속이다.

그리스도의 승천의 목적은 창조의 중심에서 일어난 것으로 모든 존재들의 궁극적인 정점, 모든 능력과 권세의 장소, 전능하신 분의 마음과 손을 만지는 것이다. 아버지, 아들, 성령은 같이 의논하셨고, 그분들의 뜻에 따라 성령이 오셨으며, 이는 삼위일체 하나님 모두의 사랑의 선물이었다. 이것이 성령의 세례의 위대함이다. 성령 세례는 손을 흔드는 축복이 아니다. 어떤 축복보다도 더 위대한 것이며, 하나님 자신이 우리에게 오신 것이다.

A.D. 45년경에 로마 제국의 고린도에 한 사람이 편지를 가지고 왔다. 이 편지는 바울에 의해 쓰였는데 이교도의 어두움에 의한 혼동과 압제로부터 세상에 자유를 선포하는 내용이었다. 그 내용은 다음과 같다: "너희 몸은 너희가 하나님께로부터 받은 바 너희 가운데 계신 성령의 전인 줄을 알지 못하느냐 너희는 너희의 것이 아니라"(고전 6:19). 그때까지 하나님은 애매한 개념, 설명할 수 없는, 이해할 수 없는, 절대적으로 완벽한, 천한 육신과 타락한 몸에 관련된 모든 것을 소유할 정도로 순수한 분이셨다. 바울의 계시는 헬라적인 '지혜'를 분쇄했다. 그는 진실하고 살아 계신 하나님, 따뜻함, 사랑함, 그분을 경험할 수 있도록 우리를 향해 뻗으시는 그분의 팔, 평범한 인간의 의식과 삶에 스며드는 그분의 거룩함을 볼 수 있도록 우리 모두를 위해 빛을 비추었다.

성령은 하나님이 행하신 모든 일의 생명이다. 그리스도인들의 체험은 그분에게서 온다. 우리의 필요를 채워 주시기 위한 그리스도의 사역은 성령에 의해 그분이 채워 주시는 것이다. 예수님께서는 우리를 위해 모든 일을 하셨고, 그분이 행한 모든 일은 우리를 위한 것이다. 그분이 자신을 위해서나 자신의 유익을 위해 행하신 일은 하나도 없다. 그분은 우리를 위해 오셨고, 우리를 위해 태어나셨으며, 우리를 위해 사셨고, 우리를 위해 사역하셨고, 우리를 가르치고 치유하셨고, 고난당하시고, 죽으시고, 부활하시고,

> 바로 그 아들이 이 땅에 와서 사셨던 것처럼 성령은 지금 오셔야만 했고, '다른 보혜사'로 존재를 인정받고 우리와 함께 거하신다.

승천하셨고, 우리를 위해 하나님 앞에서 나오셨고, 우리를 위해 다시 오실 것이다. 그분은 우리가 "그리스도 안에서 천상에 있는 모든 영적인 복"(엡 1:3, NKJV), 즉 구원, 구속, 용서, 평화, 능력, 은사들을 상속 받도록 하셨다. 성령은 우리 모두를 위해 하나님의 모든 기쁨의 보물 창고를 여셨다.

히브리서는 예수님께서 우리의 위대한 대제사장으로서 하늘의 거룩한 처소에 들어가신 그림으로 묘사한다(히 4:14). 이것은 강단 사역보다도 우리의 찬양 안에서 더 나은 진리를 선포하고 있다. 아마도 높은 곳으로 가신 것과 우리를 떠나신 그리스도의 승천은 우리의 삶과 관계가 있는 존재가 이 땅에 내려올 때까지 선포되지 않았었다. 일반적으로 그것은 이 땅에서의 사역의 끝이라고 생각했고, 예수님은 이제 아버지와 영원히 함께하시게 될 것이다.

진실은 그분의 사역이 아직 끝나지 않았다는 사실이다. 그분은 아버지의 부활에 의해 하셔야 할 실제적인 사역을 하셨다. 그분은 "내가 떠나가지 아니하면 보혜사가 너희에게로 오시지 아니할 것이요"(요 16:7)라고 하셨다. 성령은 아들의 요청을 받고 아버지께서 보내셨다. 우리가 할 일은 아무것도 없다. 이것은 우리의 계획이 아니다. 우리는 이와 같은 일을 생각해 본 적도 없다. 보혜사는 항상 그분이 원하셨기 때문에 보냄을 받거나 오셨다. 이것은 그분의 최고의 은혜다. 그분 자신이 행하기 원하는 것을 행하시는 이유는 그분이 바로 하나님이시기 때문이다. 우리는 성령이 필요하고 그분은 응답하셨다. 우리는 간구하고 우리는 받을 것이다.

보혜사(Paraclete)라는 이름은 헬라어로 파라클레토스(Parakletos)인데 신약성경에 다섯 번 나타난다. 영어에는 동일한 의미를 가진 단어가 없다. 이것은 위로자, 상담자, 중재자, 변호사 등으로 번역되었다. 성경의 다른 곳에서 이를 찾아보면 예수님께서 어떻게 이 단어를 사용하셨는지 알 수 있다. 'Parakletos'는 Paraklesis와 관련된 단어로 성경에 스물아홉 번 사용되었다. 이것은 성령을 상담자, 돕는 자, 중재자, 도우미, 중보자, 충고자, 어떤 이는 옆에서 우리를 돕는 분으로 말한다.

그것이 전부가 아니다. 신약성경은 성령과 그분을 설명할 때 대단한 분이라고 말한다. 일반적으로 교회가 성령에 대한 대강의 개념을 가지고 있고 성령을 단지 특별한 경우에만 부름을 받는 삼위일체 하나님 중 여분의 존재인 것처럼 만들었을지라도 성경은 보혜사에 대해 매우 큰 관심을 갖고 있다.

예수님께서는 성령에 대하여 특별한 설명을 하신다: "내가 아버지께 구하겠으니 그가 또 다른 보혜사를 너희에게 주사 영원토록 너희와 함께 있게 하시리니"(요 14:16). '다른'은 예수님과 관계없는 또 하나를 의미한다. 예수님께서는 제자들을 떠나셨고 다른 한 분이 그들에게 오셨다. 예수님께서 그들과 함께 계실 때 그들이 사역을 위해 받았던 능력처럼 '다른' 한 분이 그들과 같이 계실 때 동일한 역사가 일어났다. 예수님께서는 떠나실 계획이 있었지만 그분은 말씀하셨다: "내가 너희를 고아(orphans)와 같이 버려두지 아니하고"(요 14:18, 헬라어 orphanos는 위로가 없는 또는 빼앗긴이라는 의미이다).

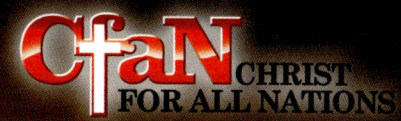

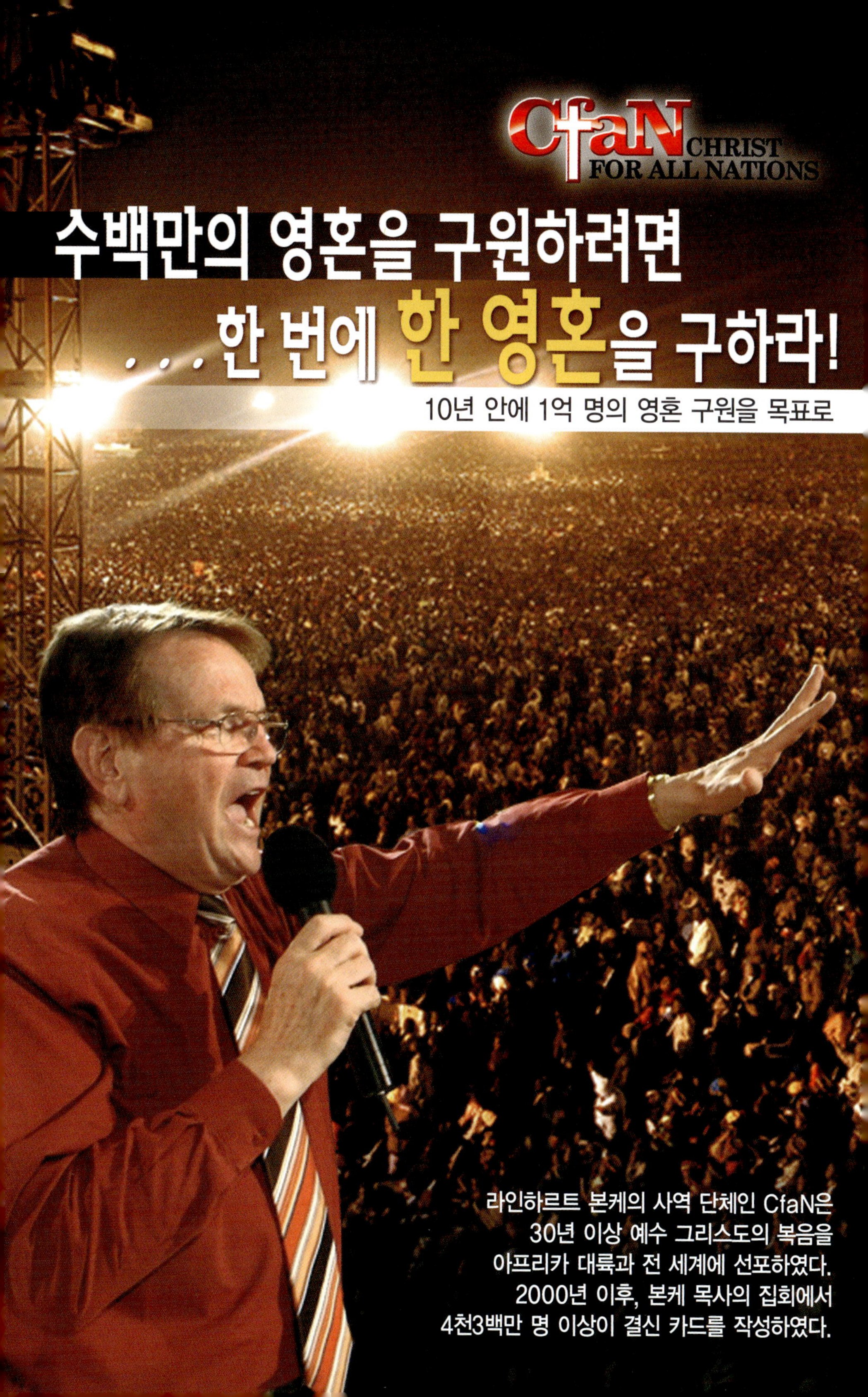
CfaN CHRIST FOR ALL NATIONS
수백만의 영혼을 구원하려면
. . . 한 번에 한 영혼을 구하라!
10년 안에 1억 명의 영혼 구원을 목표로
라인하르트 본케의 사역 단체인 CfaN은
30년 이상 예수 그리스도의 복음을
아프리카 대륙과 전 세계에 선포하였다.
2000년 이후, 본케 목사의 집회에서
4천3백만 명 이상이 결신 카드를 작성하였다.

احتفالات الإنجيل العظيم

주술적인 물건들과 우상들이 불태워졌고, 결박들이 풀어짐으로 군중들이 즐거워하고 있다.

성령 전도의 능력을 가르치는 불의 집회 장소는 아침에 이미 모든 공간이 가득 채워졌다.

수단 남부의 주바에서 한 번의 집회에 12만 명이 참석하여 구원에 대한 강력한 메시지를 들었고, 모두 같이 예수의 이름을 선포하였다.

Juba 주바 수단

나일 강 옆에 흐르는 축복의 강들

수년 동안의 전쟁으로 말미암아 남부 수단이 고통을 겪은 후, 예수 그리스도의 복된 소식과 그의 놀라운 구원의 메시지가 선포되었다.

전쟁의 중단 이후, 첫 번째 복음의 축제에 참여하기 위하여 전도 대회 장소로 가기 위해 모든 사람들이 길을 떠나는 바람에 주바의 거리들은 텅 비게 되었다.

5일 동안의 모임에서 58만 명이 결신 카드를 작성하였다.

마치 이콤의 모든 사람들이 CfaN 팀과 본케 목사의 도착을 환영하기 위하여 온 거리로 쏟아져 나온 것 같았다.

이콤과 이웃 국가들의 교회 지도자들이 불의 집회에 참여하기 위하여 그 지역 운동장에 모였다.

Ikom NIGERIA 이콤

영혼이 구원받고, 삶이 변화되고, 굴레는 끊어졌다!

소경으로 태어난 여덟 살 된 윌프레드는 그가 볼 수 있다는 것을 증명하기 위하여 손을 뻗어 본케의 흰 손수건을 쉽게 잡았다.

전 세계의 파트너들과 군중들의 수만의 기도 요청에 대하여 참석한 모든 사람들이 기도하고 있다.

삶이 변화되고, 가족이 회복되며,
지역 사회가 감동을 받고…
복음의 메시지가 선포되는 곳마다
소망이 생겼다.

OGOJA
오코야

본케는 35년 이상을 그의 마음에 타오르는 열정을 갖고 아프리카 대륙과 전 세계를 돌며 예수 그리스도의 메시지를 선포하였다.

매 집회 때마다 참석한 사람들은 개인 사역으로 변화되었고 복음으로 불타올랐다. 매일 열리는 세미나에서 사람들은 능력과 도전을 받았다. 불의 집회는 더욱 뜨거워졌으며 많은 사람들이 모였다.

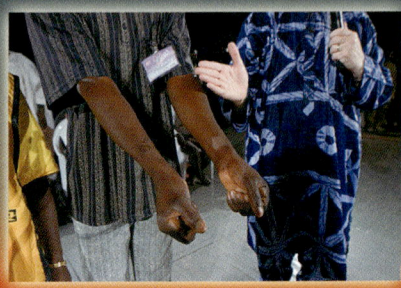

이전 집회에서 치유를 받았던 이 사람은 그가 미쳤을 때 손목과 발목을 묶어 놓았던 쇠사슬로 말미암은 상처를 보여 주면서 자신이 치유되었음을 간증하였다. 다른 사람들도 그들의 치유에 대하여 간증하면서 감사를 드렸다.

우카리 복음 대집회의 폐회 예배에는 20만 명이 넘는 사람들이 참석하였다.

우카리
Wukari 복음을 환영합니다!

도심 중심과 외곽에서 '표적이 나타나는 복음'이란 메시지로 도착을 알리는 집회를 열었다. 일주일 동안 열린 이 집회는 교회로 하여금 영혼을 구원하는 일에 활력을 주는 기적의 집회였다.

말씀이 선포된 후에는
표적과 기사가 나타났다.
군중들이 춤과 노래로
즐거워하는 동안
많은 사람들이
그들의 치유받았음을
간증하기 위해 앞으로 나왔다.

나이지리아의 수도인 아부자에서의 5일간의 집회 동안에
104만 명 이상의 영혼들이 그리스도를 받아들였다.

아부자 Abuja, Nigeria

보좌의 권위로 하나님 나라의 사역을 하다!

성령을 힘입은 전도 집회인 불의 집회에 약 10만 명이 참석하였다.

모인 군중들에게 큰 기쁨이 있었다.
들을 수 없었던 이 청년이
들을 수 있게 된 것을 증명하고 있다.

소경이 치유를 통해 보게 되었다.
모든 집회에서 치유를 위해 기도했고,
성령의 만지심을 받았을 때
그들은 나와서 간증할 수 있었다.

매일 밤 많은 사람들이
복음의 부르심에 반응하여 결단했고,
「이제 네가 구원받았으니」(Now that You are Saved)라는 양육을 위한 소책자를 받았으며,
지역 교회로 인도함을 받았다.

UROMI 우로미

어둠에 빛을, 갇힌 자에게 자유를!

토요일 저녁 집회에 14만 명이 넘는 사람들이 모여 하나님께 모든 것을 맡기고 주술적인 물건들을 불태우는 것을 목격했다. 저주들은 끊어졌고, 질병은 치유되었으며, 눌린 자는 자유케 되었다.

귀머거리였던 이 남자는 치유를 받아 들을 수 있게 된 것을 증명하고 있다.

오그보모쇼 복음 전도 집회 동안 1,758,144명이 결신 카드를 작성하였다.

복음 전파자인 본케와 그의 팀이 도착하기 한 시간 전부터, 집회 장소는 삶을 변화시키는 복음의 메시지를 듣기에 굶주린 영혼들로 차고 넘쳤다.

매일 저녁 시내 거리는 축제 분위기였다. 사람들이 기뻐하며 집회 장소로 가고 있다.

Ogbomosho
오그보모쇼
결단의 계곡에 모인 수많은 군중들

수만 명의 교회 역자들과 리더들이 라인하르트 본케가 고 성령 전도 집회서 모두에게 영감을 준 책「불의 전도」《Evangelism by Fire)를 한 권씩 받았다.

불의 집회

교회의 지도자들과 전도자들을 위하여 세계 도처에서 불의 집회가 개최되었다. "우리는 성령의 능력으로 복음을 선포해야 한다. 이 성령은 오늘날 모든 육체에 기름부으시겠다고 예언된 바로 그분이시다!"

나이지리아 아부자에서 열린 불의 집회에 참석한 군중들 중 9만 5천 명의 지도자들과 사역자들이 동참하였다.

하나님께서는 오래전에 이를 계획하셨다. 이 일에 앞서서 예수님께서는 제자들에게 "때가 아직 낮이매 나를 보내신 이의 일을 우리가 하여야 하리라 밤이 오리니 그 때는 아무도 일할 수 없느니라"(요 9:40)고 말씀하셨다. 이 말씀은 예수님께서 무덤에 계실 때가 밤이므로 하나님의 일들을 성취할 수 없는 3일을 예언하고 있다. 사실 기적적

> 성령은 아들의 요청을 받고 아버지께서 보내셨다. 우리가 할 일은 아무것도 없다. 이것은 우리의 계획이 아니다.

인 치유들은 7주 후까지 일어나지 않다가 그분이 성령을 보내셨을 때에야 이루어졌다. 예수님께서는 제자들에게 이런 상황을 다음과 같이 설명하셨다: "내가 진실로 진실로 너희에게 이르노니 너희는 곡하고 애통하리니 세상이 기뻐하리라 너희는 근심하겠으나 너희 근심이 도리어 기쁨이 되리라 여자가 해산하게 되면 그 때가 이르렀으므로 근심하나 아이를 낳으면 세상에 사람 난 기쁨을 인하여 그 고통을 다시 기억지 아니하느니라 지금은 너희가 근심하나 내가 다시 너희를 보리니 너희 마음이 기쁠 것이요 너희 기쁨을 빼앗을 자가 없느니라"(요 16:20~22). 그분은 무덤에서 일어나셨고 빛은 다시 비추었다. 그분은 자신이 십자가에 죽으시기 전과 같은 예수임을 나타내셨다. 그분은 사역 초기에 제자들에게 물고기를 잡는 기적을 일으키셨는데 부활 후에 그분은 더 큰 형태로 기적을 반복하셨다(요 21:6, 눅 5:6).

제자들은 '다른 보혜사'가 오실 때까지 혼란스러웠고 비틀거렸다. 사도행전의 첫 구절은 다음과 같이 말한다: "내가 먼저 쓴 글에는 무릇 예수의 행하시며 가르치시기를 시작(began)하심부터 그의 택하

신 사도들에게 성령으로 명하시고 승천하신 날까지의 일을 기록하였 노라"(행 1:1~2, began: 헬라어 archomai). 분명히 그분이 시작하신 것들이 계속되었다. 내가 무덤에 누워 있을 때인 밤에는 사역을 멈추게 될 것이라고 예수님은 말씀하셨다. 그러나 그분이 다시 일어난 후에 그들은 사역을 계속했다. 그분은 자신의 육체의 손이 아닌 교회의 힘으로 일하셨다. 예수님께서 행하신 일은 성령에 의해 이루어진 일이다. 예수님 자신과 '다른 보혜사'인 똑같은 성령이 믿는 자들에게 주어진다. 예수님께서는 그들과 함께 계실 때처럼 구원의 기적 전도를 위해 다시 밖으로 나가셨다. 이런 전도는 성령이 오셨을 때를 위한 그분의 훈련 중 한 부분이었다(마 10:5, 눅 9:2).

비범한 일이란 예수님께서 아버지께로 가시기 때문에 제자들은 예수님께서 하셨던 일을 할 뿐만 아니라 더 큰일도 할 것이라고 예수님께서 말씀하신 것이다. 어느 누구도 육신적인 체제 안에서 예수님보다 더 위대한 기적을 일으킨 사람은 없다.

그러면 누구든지 할 수 있는 예수님께서 행하신 어떤 일보다 더 위대한 일은 무엇일까? 그분의 치유의 기적과 본질적인 기적들은 다르고 절대적으로 전능한 표적을 낳는다. 여전히 그분은 더 위대한 일들을 약속했다.

예수님께서 행하신 것은 성령에 의한 것이다: "하나님의 보내신 이는 하나님의 말씀을 하나니 이는 하나님이 성령을 한량 없이 주심이니라"(요 3:34). 예수님께서 승천하실 때까지 성령은 아직 우리와 함께하시지 않았다. 오직 그리스도와 함께했다(요 7:39). 우리에게는 성령 없이 세상에 대항해 견디기 위한 능력을 초래하는 그 어떤 것도 없다. 그러나 예수님께서는 보혜사(the Paraclete)가 오시면 그분은 "죄에 대해, 의에 대해, 심판에 대해 세상을 책망하시리라"(요 16:8)고 말씀하셨다. 이런 일은 결코 일어나지 않았다. 심지어 예수님께서 설교하실 때에도 일어나지 않았다. 이 일은 성령이 예수님의 첫 번째 제자들에게 갑자기 임하신 후에야 일어났다. 높은 곳에서부터 능력이 입혀졌고, 베드로는 3,000명의 회심자를 만들어 냈으며, 남자들은 죄악을 고백했다.

> 성령은 부가적인 도우미가 아니다. 그분은 기독교의 핵심이며 기적이다.

성령의 시대에 보혜사의 날은 존재했으며, 그분의 능력이 우리의 것이 되도록 그분의 권능이 우리를 '향해' 전능한 친구로 오셨다. 성령은 부가적인 도우미가 아니다. 그분은 기독교의 핵심이며 기적이다.

보혜사는
항상 그분이 원하셨기 때문에
보냄을 받거나 오셨다.
이것은 그분의 최고의 은혜다.
그분 자신이 행하기 원하는 것을 행하시는 이유는
그분이 바로 하나님이시기 때문이다.
우리는 성령이 필요하고 그분은 응답하셨다.
우리는 간구하고 우리는 받을 것이다.

CHAPTER 9

그리스도의 영

예수님께서 하나님이시라면 왜 그분이 성령으로 기름부음을 받아야 할까? 그분은 육신이 되신 말씀이시다. 그것으로 충분하지 않을까? 그분은 정말 기름부음을 받아야 했을까? 여기에는 정말 아주 특별한 무엇인가가 있다!

예수님의 초기 생애 30년은 잘 알려지지 않은 채 인간의 모든 단계를 거쳐 오셨다. 그분은 하늘로부터 하나님이 증언하신 것처럼 전대미문의 완벽한 삶을 사셨다: "너는 내 사랑하는 아들이라 내가 너를 기뻐하노라"(막 1:11). 이런 신성한 승인이 있었는데 예수님에게 성령이 필요하셨을까? 우리가 어떻게 생각하든 공적인 사역을 소개하는 첫 시간이라는 점에서 사실은 이렇다: "예수께서 세례를 받으시고 곧 물에서 올라 오실쌔 하늘이 열리고 하나님의 성령이 비둘기 같이 내려 자기 위에 임하심을 보시더니"(마 3:16). 요한복음은 지적하기를 하나님께서는 성령을 '한량없이' 주셨다고 했다(요 3:34).

사도행전 10장 38절은 우리에게 말한다: "하나님이 나사렛 예수에게 성령과 능력을 기름붓듯 하셨으매 저가 두루 다니시며 착한 일을 행하시고 마귀에게 눌린 모든 자를 고치셨으니 이는 하나님이 함께 하셨음이라." 예수님께서는 이사야의 예언을 자신에게 적용하셨다: "주의 성령이 내게 임하셨으니 이는 가난한 자에게 복음을 전하게 하시려고 내게 기름을 부으시고"(눅 4:18, 사 61:1). 세례 요한이 그분을 그리스도라고 알아볼 수 있었던 것은 "성령과 불로 너희에게 세례를 주"(마 3:11)시는 분이었기 때문이다. 그리스도의 특징은 그분은 우리에게 성령으로 세례를 주시는 분, 곧 성령과 함께하시는 분이라는 것이다.

예수님께서는 인간의 삶을 사셨지만, 그분의 삶은 지금까지 가장 위대하고 가장 놀라운 영감을 받은 삶이시다. 예수님과 같아지기를 원한다는 말과 예수님의 삶을 자신의 모델로 삼는다거나 그분의 성품과 이타적인 희생을 따르겠다는 말은 흔히 듣는 말이다. 또한 그렇게 되어야 한다. 그러나 만일 우리가 그분과 닮기를 원한다면 우리가 절대로 간과해서는 안 될 아주 중요하게 고려해야 할 사항이 있다. 예수님께서는 성령으로 충만하셨다. 그분을 우리의 모델로 삼으려면 우리는 예수님을 그렇게 만드셨던 성령에 대한 중요한 특징을 무시할 수 없다. 그분의 중요한 직함, 즉 '기름 부음 받은 자'가 모든 것을 말하고 있다. 이것이 바로 '메시야'라는

> 우리가 하나님의 자녀로 사는 법을 알 수 있도록 예수님께서 자신이 사람의 아들로 사셨던 법을 우리에게 보여 주셨다.

단어의 의미이다. 말씀, 기름부음 받은 자가 바로 예수님이시다.

누가복음은 성령에 대해 주목할 만한 강조점을 두고 있는데, 특히 그리스도와의 관계성에서 그렇다: "성령이 형체로 비둘기 같이 그의 위에 강림하시더니"(눅 3:22), 그 후 "예수께서 성령의 충만함을 입어 요단 강에서 돌아오사 광야에서 사십 일 동안 성령에게 이끌리시며"(눅 4:1), 그 후 "예수께서 성령의 권능으로 갈릴리에 돌아가시니"(눅 4:14). 그리고 그분은 이사야를 인용하셨다: "주의 성령이 내게 임하셨으니"(눅 4:14). 그리고 덧붙이셨다: "이 글이 오늘날 너희 귀에 응했느니라"(눅 4:21).

성령이 없이는 누구도 예수님께서 성령과 함께하신 것처럼 할 수 없다. 특히 그분은 하나님의 아들이시며 우리는 오직 인간일 뿐이다. 만일 그분이 우리의 모델이라면, 우리는 그분과 같아야 하고, 우리는 하나님의 영을 받아야 한다. 많은 사람들이 예수님을 따르는 것에 대한 이야기를 좋아하고 그분의 발자취를 따라가기를 원한다. 그러나 그들은 먼저 시작하기 전에 예수님처럼 성령 충만하지 못했다. 예수님께서는 성령에 의해 사셨다. 그분은 성령의 그리스도이시다. 다른 그리스도는 없다. 인간으로 사셨던 그분의 신앙생활은 성령을 필요로 하셨고 우리의 신앙생활도 역시 그렇다.

예수님께서는 자신의 생명을 우리를 위해 주셨을 뿐 아니라 우리를 위해 태어나시고 사셨으며, 우리가 어떤 존재가 되어야 하는지를 보여 주셨다. 예수님께서는 실제로 탄생, 성장, 일하는 인간의 모든 삶을 수행하셨는데, 한 가지 절대적으로 중요한 요소는 내재하시는 성령이다. 이것은 모든 그리스도인들의 삶을 위한 모범이다. 우리는 예수 그리스도의 생애를 생각하고 절망하며, 이런 삶의 신성한 영광을 희미하게나마 반영할 수 없다고 느낀다. 그러나 이것이 전혀 이상적인 것만은 아니다. 그분을 바라보는 것은 우리에게 희망을 주는 것이지 우리를 죄책감으로 채우기 위한 것은 아니다. 하나님이 그분과 함께하셨듯이 우리와도 함께하신다는 것이 가장 중요하다. 우리가 하나님의 자녀로 사는 법을 알 수 있도록 예수님께서는 자신이 사람의 아들로 사셨던 법을 우리에게 보여 주셨다.

성령이 존재한다는 영광스러운 사실은 그리스도인의 삶에서 가장 큰 기쁨들 중 하나이다. 우리가 말씀에 분명히 기록되어 있는 성경의 은사주의적인 가르침과 체험에 대한 이해를 왜 초대 교회가 한 세대 만에 잃어버린 것처럼 보이는지 이해하기 어렵다. 그것은 그 시대에 대한 우리의 제한된 이해에 근거한 판단이고, 또한 우리가 초대 교회 시대에 대해 알고 있는 것은 적어도 1세기 교회의 첫 교부들의 전승에 의한 것이다. 그들은 그리스도 안에서 성령에 대해 말했지만 성령은 삼위일체 하나님의 일부분으로 존재했음을 주로 지적한 것이다. 그들이 성령의 체험에 대해 말한 것은 거의 없었다. A.D. 107년에 순교한 안디옥의 이그나티우스(Ignatius)는 성령에 대해 언급했는데, 그는 사도 요한의 제자였다. 그러나 그가 은사주의자라고 불리지는 않는다. 같은 일이 200년 뒤인 A.D. 329년에 태어난 가이사랴의 위대한 바실(Basil)의 기록에서도 발견된다. 이런 기록들과 다른 것에서도 그리스도 안의 성령에 대해 인식하고 있었고 그는 성령의 인도를 받았었다. 그러나 학문적인 입장에서는 별로였다.

사도들의 뒤를 이은 위대한 사람 중의 하나가 폴리갑(Polycarp)인데 그는 A.D. 160년에 화형과 칼로 순교를 당했다. 그의 유명한 저작들은 기독교의 고결함에 대한 황금과 같은 보화의 일부이다. 연로한 폴리갑은 자신의 하나님을 부인하기보다는 죽음을 선택했다. 그는 "지난 86년 동안 나는 예수님을 섬겼소. 그러나 그분은 한 번도 나를 버린 일이 없었소. 어떻게 그분을 모른다고 하여 나를 구원하신 주님을 욕되게 할 수가 있겠소?"라고 말했다. 우리는 그가 사도 시대 이후 약 70년 뒤에 기록한 편지를 갖고 있는데,

> 교회는 죽은 팔다리를 원치 않으며 잠자러 가는 발도 원치 않는다. 그러나 모든 사람은 성령의 생명력으로 살아 있다.

그는 한 번도 성령에 대해 언급한 적이 없다. 더욱 놀라운 것은 그의 친구가 사도 요한의 제자였던 이그나티우스라는 사실이다.

사실 성령은 유명한 그리스도인의 이 유명한 편지에 언급되지 않았을 뿐만 아니라, 구원에 대한 폴리갑의 생각은 하나님의 은혜로부터 멀리 떨어져 선행에 더 의존하고 있는 것으로 보인다. 이것은 오랫동안 믿음의 어려운 모습이었고 첫 해에는 매우 동떨어진 전래가 되었다. 로마의 통치아래 핍박받는 동안 순교는 천국으로 가는 분명한 방법으로 인정되었고, 어떤 이들은 그리스도를 위해 죽을 준비가 되어 있었기에 로마의 재판관들은 만일 그늘이 죽음을 위한 준비가 되어 있다면 이들 그리스도인들이 얼마나 불행한가에 대해 기이하게 여겼다! 수 세기 동안 성경은 귀했고 거의 읽혀지지 않았다. 신실한

남자들과 여자들은 자기부인, 기도, 금식, 참회, 칭찬할 만한 사역으로 하나님의 은총과 도움을 얻기 위해 노력했다. 그들은 은혜가 아니라 행위로써 거룩해지려고 노력했다.

몬타니우스(Montanus)의 추종자들이 열정적인 성령 숭배자로 알려졌을 때의 짧은 에피소드 후에 그들은 이단자로 기록되었고 A.D. 220년에 이단 분파로 제거되었다. 오순절의 위대한 진리가 모든 그리스도인들에게 실현될 때까지 거의 2,000년이 경과되었다. 사도행전 2장 4절과 같은 날은 사도들만을 위한 것이 아니라 베드로가 말한 것처럼 그것은 "모든 먼 데 사람 곧 주 우리 하나님이 얼마든지 부르시는 자들에게 하신 것" 이다(행 2:39). 성령의 진실은 다른 의문들과 가르침에 의해 덮이고 말았다. 그러나 성령은 우리의 증언을 효과적으로 만들기 위해 연약하고 불완전한 상황에서 우리가 필요한 것을 채우시는 분이다.

하나님 - 인간

교회는 그리스도가 영광스럽고 경이로운 하나님이심을 믿었다. 그분의 성육신과 신성은 수 세기 동안 교회의 가르침에 영향을 주었다. 그분의 이적들은 자신이 삼위일체 하나님 중 한 분이시라는 표시와 타고난 신성한 능력의 현현으로 보였다. 그분은 물을 포도주로 변화시켰고 "그 영광을 나타내시매"(요 2:11) 병든 자들과 귀신에게 사로잡힌 자들을 고치셨다. 그분의 은혜는 창녀를 참회의 눈물로 바꾸어 놓으셨다. 이런 이적들은 오늘날 하나님께서 인간의 모습으로 이 땅을 거니시던 그날의 사건처럼 축하한다. 우리는 이 일을 행하신 분이 성육신하신 하나님이셨음을 알고 있다. 이것이 근본적인 진리다. 이 땅에 오셔서 우리를 사랑하신 분은 하늘에서 오신 주님이시다. 지친 남자들과 슬퍼하는 여자들의 어깨에 두르신 그분의 팔은 전능하신 하나님의 팔이다. 이런 일들은 오늘 그리고 항상 우리에게 기쁨을 가져온다.

그러나 예수님의 사역들은 자신의 신성 이외의 다른 요소의 증거였다. 그분은 이런 일들을 성취하기 위해 기름부음을 받으셨다. 성령으로 충만한 하나님이면서 인간이셨다. 그분은 우리의 삶처럼 사셨고, 걷고, 일하셨다. 그러나 누구에게도 일어나지 않았던 어떤 일이 그분에게 처음으로 일어났다. 그분은 첫 번째 성령의 사람이 되셨고, 하나님으로뿐만 아니라 그분의 기름부으심에 의해 놀라운 사역을 행하셨다(눅 4장). 과거 그분의 존재와 그분의 주권적인 의지에 의한 행위를 볼 때 그분은 성령과 '동역' 했다. 그분이 스스로 행한 것은 아무것도 없다. 예수님은 성령의 사람이었고, 아버지의 뜻을 행하는 도구였다. 모든 기적이 삼위일체 하나님의 기적이었다.

성경은 그리스도를 이 땅에 임한 어떤 잡신의 모습이나, 짧은 시간에 불가능한 일을 행하거나 이곳저곳에 선물들을 뿌리는 존재로 묘사하지 않는다. 처음부터 예수님께서는 하나님의 영과 함께한 존재셨다. 수태고지에서 가브리엘 천사장이 말했다: "성령이 네게 임하시고 지극히 높으신 이의 능력이 너를 덮으시리니 이러므로 나실바 거룩한 자는 하나님의 아들이라 일컬으리라"(눅 1:35). 예수님께서는 성령으로 탄생하셨고 그분은 모든 삶을 성령으로 사셨다. 예수님께서 그리스도로서 사역을 처음 시작하실 때 성령이 가시적으로 그분에게 임했고 가시적으로 그분과 연합하셨다. 세례 요한이 볼 때 예수님께서 다른 사람들과 구별되신 것은 성령의 특성 때문이다. 하나님께서는 그분에게 성령을 주셨고 충만한 성령 세례를 베푸셨다.

오늘날 우리는 근본적인 격려가 되는 몇 가지를 붙잡는다. 성령을 보기 위해 우리는 예수님을 본다. 예수님께서는 계시자이시다. 그분은 제자들에게 말씀하셨다: "너희가 나를 알았더면 내 아버지도 알았으리로다"(요 14:7). 믿는 자를 위해 아직 성령이 오시지 않았지만 예수님께서는 하나님 나라와 그 능력을 받아들이셨고, 이런 능력은 원하는 모든 사람에게 주어졌다. 예수님께서는 성령을 충만하게 받으셨다.

> 몸을 만들고 각 요소들이 함께 살아 있게 하시는 분이 성령이다. 교회는 이 땅에 있는 하나님의 역동적인 힘이다.

예수님 자신은 독립적인 하나님으로서 일하시지 않으셨다. 삼위일체 하나님께서는 그렇게 일하시지 않으신다. 구원, 치유, 인도, 축복 등 하나님께서 우리를 위하여 행하신 모든 일을 생각하면 놀랍다. 그것은 성부, 성자, 성령이 마음으로 원하는 것이다. 모든 삼위일체 하나님께서 그 뒤에 계신다. 그러나 행해진 일들은 사역에서 삼위일체 하나님의 삼위가 뚜렷이 구별되는 특징을 가지고 있다.

오랫동안 하나의 질문이 존재한다: 예수님께서 사람을 고치신 것은 성령의 은사에 의한 것인가, 자신의 신성에 의한 것인가? 양자택일은 옳지 않다. 예수님께서 말씀하셨다: "내가 스스로 아무 것도 하지 아니하고 오직 아버지께서 가르치신대로 이런 것을 말하는 줄도 알리라 나를 보내신 이가 나와 함께 하시도다 내가 항상 그의 기뻐하시는 일을 행하므로 나를 혼자 두지 아니하셨느니라"(요 8:28~29). 예수님께서 행하신 일은 성령에 의해서이지 분리해서 역사하는 그분의 신성에 의한 것이 아니다. 그분은 독주자가 아니시다. 예수님께서는 눈먼 자를 치유하시고 그것을 "하나님의 하시는 일"(요 9:3)이라고 부르셨다. 삼위일체 중 어느 한 위도 독립적으로 일하시지 않는다. 이 세상의 모든 기적들은 성령의 능력이라는 증거다. 육신이 되신 하나님인 예수님께서는 여전히 아버지와 성령에 의존하신다.

성령은 "그리스도의 영"(벧전 1:11)이라고 불린다. 이것은 그리스도와 함께 그리고 그리스도 안에서 역사하는 영이라는 의미이다. 성령과 그리스도는 서로 함께 속해 있다. 복음서들은 우리에게 예수님의 신성한 모습을 보여 주는데, 이것은 진정한 그분의 모습이다. 우리가 그분을 볼 때 우리는 또한 성령을 보는 것이다. 그분은 성령의 도구이시고 성령은 아버지의 도구이다.

성령은 예수님을 이끌며(눅 4:1) 그분을 사랑하는 모든 사람을 위한 하나님의 이상을 나타낸다. 이것이 그리스도의 영에 대한 묘사다. 이것은 또한 교회를 위한 하나님의 계획을 표현한다: "교회는 그의 몸이니"(엡 1:22~23). 그리스도가 육신의 모양으로 나타나는 형태가 지금의 교회이다. 하나님의 뜻에 대한 그리스도의 헌신과 성령에 의한 그분의 신앙생활은 교회를 위한 신약성경의 이상이다. 우리가 행동할 때 성령도 행동하시고, 우리가 성령의 인도를 받을 때 모든 일들이 잘되는 것은 진실이다. 성령이 없는 우리의 모든 노력은 실패하고 만다. 우리는 이기주의, 거만함, 신념 그리고 하나님께 의존하는 믿음을 분별해야 한다. 육신으로 오신 하나님이신 예수님조차도 자기 자신의 힘으로는 아무것도 하지 않기를 고집하셨고, 그분이 행하신 모든 일은 아버지의 일이었다.

성령 충만한 교회, 성령 충만한 예수님의 대리자

고린도전서 12장에 묘사된 교회의 모습은 우리를 깜짝 놀라게 한다. 우리는 교회의 의도적인 일치뿐만 아니라 교회의 사역과 바로 그 존재에서 성령이 대신함을 보았다. 바울은 많은 지체들로 이루어진 몸으로 설명했다. 그러나 "각 사람에게 성령의 나타남을 주심은 유익하게 하려 하심이라"(고전 12:7). 각 사람이란 목사들 또는 장로들만이 아니라 모든 사람들이다. 다른 사람들보다 영적으로 더 높은 위치에 있는 믿는 자들이란 없다. 목사 '직' 이란 영적인 우월함의 표시가 아니다. 하나님 안에서 성직자와 평신도 사이의 차별은 없다. 왜냐하면 성령은 각 사람과 함께하시기 때문이다. 만일 우리 모두가 기름부음을 받았다면, 설사 우리 모두가 똑같은 기름부음을 받았다 할지라도 성령은 다양한 여러 가지 방법으로 역사하실 수 있다: "우리가 유대인이나 헬라인이나 종이나 자유자나 다 한 성령으로 세례를 받아 한 몸이 되었고 또 다 한 성령을 마시게 하셨느니라"(고전 12:13).

> 성령은 말씀을 기다리고 계시고, 말씀이 선포될 때마다 그 자신을 보여 주실 것이다.

교회는 죽은 팔다리를 원치 않으며 잠자러 가는 발도 원치 않는다. 그러나 모든 사람은 성령의 생명력으로 살아 있다. 몸을 만들고 각 요소들이 함께 살아 있게 하시는 분이 성령이다. 몸 전체를 위해 필요한 것은 같이 일하고 같은 방향으로 움직이는 것이다. 교회는 이 땅에 있는 하나님의 역동적인 힘이다. 우리는 "성령의 하나되게 하신 것"에 대해 말하고 있다. 우리는 하나 됨을 지키는 책임이 있지만 성령은 하나가 되게 하는 요소이다. 만일 우리가 함께하기를 원한다면 성령은 우리를 하나 되게 하신다.

성령의 '은사들'은 고린도전서 12장에 언급된 특별한 사람들에게만 주어지는 특별한 상이 아니다. 그들이 교회에 맡겨진 이유는 교회가 그들이 필요하기 때문이다. 바울은 목록을 좋아한다. 에베소서 4장 11절에서 그는 교회에 필요한 사람들에 대해 이름을 붙인다: "사도들, 선지자들, 복음 전하는 자들, 목사들, 교사들." 그러나 고린도전서 12장 28절에 의하면 또 다른 사람들도 필요했고 그 목록은 다음과 같다: "첫째는 사도요 둘째는 선지자요 셋째는 교사요 그 다음은 능력이요 그 다음은 병 고치는 은사와 서로 돕는 것과 다스리는 것과 각종 방언을 하는 것." 그들은 동일하게 모두 필요한 사람들이고 성령이 동일하게 있게 한 자들이다. 우리는 교회 문뿐만 아니라 강단에서도 성령 충만한 그리스도인이 필요하다.

하나님의 신조는 이 땅에서 성령 충만한 교회, 성령 충만한 예수님의 대리자이다. 확장과 도움을 주는 그분의 사역을 위한 하나님의 계획은 성령에 의한 것이다. 성찬식에서 나누는 말씀은 "예수님이 다시 오실 때까지 그분을 기념하라"인데, '예수님을 기념' 하는 것은 그분에 대하여 지금은 부재중이시지만 다시 돌아오실 분으로, 또한 성령으로 항상 우리와 함께 계신 분으로 기념하는 것이다. 우리는 믿음의 단순한 행위로 그분의 임재를 얻는 것이지, 성령을 받기 위해서 영적인 장벽을 돌파함으로 얻는 것이 아니다. 교회의 담장 안에서 일어나는 많은 일들은 '하나님을 찾고 있는' 것처럼 보인다. 마치 우리가 하나님을 잃어버렸고 우리가 그분을 발견해야 할 필요가 있는 것처럼 보인다. 그러나 성령은 말씀을 기다리고 계시고 말씀이 선포될 때마다 그 자신을 보여 주실 것이다.

예수님의 은혜로운 말씀, 긍휼함, 치유의 손길, 사랑, 교사로서의 인내, 불멸의 성품. 세상은 이런 예수님이 필요하다. 성령으로 인하여 우리는 여전히 교회 안에서 예수님의 모든 은혜와 치유를 경험할 수 있다. 우리의 노력을 활성화시키는 성령이 우리에게 계시는 동안 우리는 그분의 목소리와 눈, 손과 발이다: "이는 힘으로 되지 아니하며 능으로 되지 아니하고 오직 나의 신으로 되느니라"(슥 4:6).

Reinhard Bonnke

CHAPTER 10

방언

1부

열일곱 살 된 카렌(Karen)은 성령 세례가 무엇인지 이해했다. 그녀는 기독교 컨퍼런스에 참석했고, 성령이 그녀에게 임했을 때 그녀는 예배를 드리고 있었다. 이 경험은 전에 알고 있던 것과는 다른 것 같았다. 어떤 일이 일어났는지 거의 인식할 수 없었지만 그녀는 방언으로 말하기 시작했다. 그녀는 방언에 대해서 들어 본 적도 없었고 그날 이런 일에 대한 가르침도 받지 못했다. 그녀는 성령을 기대하고 있었지만 특별히 바로 그 순간은 아니었다. 그러나 그때가 하나님의 은혜로, 하나님의 주권으로 행하시는 하나님의 때였다. 카렌은 그날 종일 그리고 다음 날까지 영어가 아닌 방언으로 말했다. 거의 20년이 지난 오늘 그녀는 사업을 하는 여성으로서 멋진 가족의 엄마이고, 큰 교회의 성도이며, 자발적으로 일하는 일꾼이고, 진정으로 기름부음을 받았으며, 뛰어난 부서의 인도자이고, 수백 명의 삶에 감동을 주고 있다.

조지(George)는 성찬 예배에서 150명의 사람들과 함께 앉아 있었다. 신실한 목사님은 예언의 말씀을 전했다: "당신이 그리스도를 기념하여 성찬에 참여할 때, 당신은 성령으로 충만하게 될 것이고 당신은 하나님의 화살통 속의 윤이 나는 화살이 될 것입니다." 매우 가난한 삶을 살고 있었던 열네 살의 조지는 하나님께서 자신에게만 말씀하신다는 사실을 알았다. 성찬의 떡을 뗄 때 그는 하나님의 압도적인 임재와 능력을 느꼈고, 무릎을 꿇었으며, 순간 감동하여 눈물을 흘리기 시작했다. 예배는 매우 조용했다. 조용한 예배를 방해할까 걱정이 되어 그는 입을 손수건으로 틀어막았다. 그때 옆에 앉아 있던 그의 엄마는 그에게 "조지야, 입에서 손수건을 떼어라"라고 말했다. 그래서 조지는 그렇게 했다. 그러자 그는 즉시 그가 알지 못하는 언어로 능숙하게 말하기 시작했고, 그는 다음 날까지 계속 기도했다. 방언의 은사가 나타난 것 외에도 하나님은 그가 특별한 사역을 위해 선택받았음을 알려 주셨다. 하나님께서는 평생 그에게 많은 재능과 은사들로 복을 주셨다. 그는 다양한 능력으로 온 세상에 다니면서 하나님을 섬겼고, 하나님을 위해 셀 수 없는 수천의 사람들에게 다가갔다. 이것이 성령 세례다.

놀라운 경험들이지만 우리와 동떨어진 예는 결코 아니다. 의심할 바 없이 과거에 많은 사람들이 그랬듯이 오늘날에도 수백만의 사람들이 동일한 간증을 할 수 있다. 이 약속은 성경에 분명히 나와 있고 심지어 명령하고 있다: "성령의 충만을 받으라"(엡 5:18). 이런 가르침은 믿는 자를 위한 것이지 불신자를 위한 것이 아니다. 이 땅의 모든 그리스도인들은 성령으로 충만할 수 있고 충만해야만 한다. 성령 없는 경건한 믿음은 수명이 다한 건전지를 작동시키는 것이다. 하나님으로부터 오는 능력은 효력이 있다.

부흥하는 이 세상에서 성령의 표적은 '방언으로 말하는 것'(헬라어 glossolalia)이다. 이것은 새로운 '일시적 유행'이나 '세뇌를 위한 종교 행위'가 아니다. 이것은 건전한 신학과 학자들에 의해 지지를 받는 정상적인 성경적 기독교다. 사도 바울은 그가 다른 사람들보다 방언으로 더 많이 말한다고 했다(고전 14:18). 이것은 초대 교회에서 일반적인 관례이며 유별난 것이 아니다.

신약성경에서 성령은 항상 황홀한 표현과 연결된다. 이런 명확한 증거가 없을 때 사람들은 이것을 성령을 받지 않았다는 증거로 받아들였다. 최초로 회심한 유럽인은 가이사랴의 고넬료다. 그와 함께 복음을 들은 모든 사람들은 성령 세례를 받았고 방언을 말했다. 이것은 이방인들도 하나님이 받으신 증거로 사도들에 의해 인정되었다.

오스트리아와 프랑스에서 성령 교회들은 '사교(邪敎) 집단'으로 여겨진다. 초대 교회 성도들은 성령의 사람들이었고 정확히 그랬다. 그들이 '사교 집단'일까? 오순절 신앙을 가진 사람들은 모두 2억5천만 명에 이르며, 거기엔 많은 은사주의자들이 있다. 그들의 숫자는 매일 증가하고 있으며 이는 오순절 은사주의 그룹을 세계에서 두 번째로 큰 기독교 그룹으로 만들었다! 대단한 사교 집단이다! 새로운 그리스도인 중 열에 아홉은 그들이 어떤 교단에 가입했든지 이 그룹에 속해 있다. 이제껏 알고 있는 하나님 나라의 위대한 복음적 추수는 계속된다. 증가의 90퍼센트는 표적이 함께하는 성령 세례로부터 온다.

이 경험은 실제적인 것이다. 그들의 증거는 사람들이 하나님의 끝없는 도움에 대한 확신을 갖게 한다. 성령은 그들 바로 곁에 계신다. 그들의 기대는 성령의 능력을 끌어당기기 위해 자기 자신의 영적인 능력에 의지하지 않고 하나님 자신의 신실하심에 의지한다. 또한 이것은 초대 교회에 있었던 것과 같다. "이스라엘 사람들아 이 일을 왜 기이히 여기느냐 우리 개인의 권능과 경건으로 이 사람을 걷게 한 것처럼 왜 우리를 주목하느냐 … 하나님이 그 종 예수를 영화롭게 하셨느니라" 하고 베드로는 말했다(행 3:12-13). 이 일을 성취하신 분은 성령이시며 이제 나라들을 뒤흔들고 있다.

우리들의 국제 전도 집회는 그 지역에 있는 서로 다른 교회의 모든 사람들 또는 최소한 대부분의 사람들의 도움이 없이는 실행될 수 없다. 집회는 눈에 보이는 인간 바다를 이루었고, 이들은 도시를 텅 비게 만들었다. 2006년 8월에 이 장을 쓰는 동안 전도 집회는 보통 때보다는 훨씬 적은 숫자로 진행되었다. 나이지리아의 한 도시인 우카리에는 단지 16만 명만 모였을 뿐이다. 수도 라고스의 집회에 참석한 사람들은 100만 명 이상이었다. 25년 동안 주요 공중 예배와 함께 우리는 영혼 구원을 위해 그리스도인 사역자들을 훈련시키고 영감을 주는 불의 집회(Fire Conference)를 낮에 개최했다. 지옥을 뒤흔드는 엄청난 찬양 소리 속에서 동시에 수백, 수천 명의 사람들이 즉시 방언을 말하고 대규모로 성령 세례를 받는 일을 하나님은 집회에서 수백 번 일으키셨다. 나는 3분도 안 돼서 100만 명이 넘는 사람들이 성령 세례를 받는 경험을 했다고 하나님 앞에서 말할 수 있다. "내 영으로 모든 육체에게"(행 2:17, 요엘 2:28). 이 말씀은 계속 나의 마음속에서 울리고 있다.

2부

예수 그리스도께서 탄생하기 수 세기 전에 살았던 요엘 선지자는 터무니없는 헛소리 같이 보이는 말을 했다: "내가 내 신을 만민에게 부어 주리니 너희 자녀들이 장래 일을 말할 것이며 너희 늙은이는

> 성령의 불은 떨어졌다. 불은 그것이 접촉되는 곳마다 불꽃을 일으키고 거룩한 큰 화재로 대륙들을 관통하여 퍼져 나가고 있다.

꿈을 꾸며 너희 젊은이는 이상을 볼 것이며 그 때에 내가 또 내 신으로 남종과 여종에게 부어 줄 것이며"(요엘 2:28~29). 이스라엘에게 있어 하나님께서는 율법들, 규칙들, 의례, 의식이라는 거대한 장벽의 다른 편에 계셨다. 하나님을 향한 계단은 너무 거룩하고 험준해서 가장 은혜를 입은 제사장만이 그 위로 올라갈 수 있었다. 만일 요엘이 사람은 달 위에서 걸을 수 있다고 말했다면 이 말이 그 당시 그의 청취자들에게는 분별력 있는 말로 들리지 않았을 것이다. 그럼에도 불구하고 사람들이 진정으로 달 위에서 걸었던 것처럼 하나님께서는 오늘

날 그분의 성령을 부으셨다. 우리가 쓰고자 하는 것이 바로 이것이다. 하나님께서 계획하신 어떤 것을 우리가 지금 즐기고 있는 것이다. 이것이 성령 시대에 대한 요엘의 예언이다.

성령 세례는 영적으로 포즈를 취하는 것도 교단적인 교리도 아니다. 우리는 방언으로 말하는 법을 배우지 않는다. 세례는 업적이 아니다. 하나님께서 하시는 일이다. 우리는 자연 발생적인 은혜를 수동적으로 받는다.

2006년에 쓰인 이 책은 온 세계가 영적인 침체에서 고립된 것 같이 보였던 전시(戰時)와 20세기 중반이 생각나게 한다. 그 무렵 우리가 지금 부르고 있는 '은사주의적 갱신'이 발생했다. 이것은 교회의 모든 교파와 가톨릭교회의 지도자들 중 특별히 유력인사에게 영향을 끼쳤다. 이것은 비의 전조인 "사람의 손만한 작은 구름"(왕상 18:4)으로 시작했다. 곧 약속되었던 '늦은 비'로 물에 잠기기 시작했는데, 이것은 요엘의 말과 일치되는 것이다. 오늘날 모든 기독교 세계는 회복되고 있다. 복음에 대해 그리스도께 응답하고 고백하는 땅에서 사람들이 엄청나게 추수되고 있다. 이것은 요엘이 예언했던 것이 명백하다. 어떤 신성한 표시가 부족하단 말인가?

고조되고 있는 기도 운동은 19세기에 발전했다. 그리스도의 재림은 2000년경 있을 것이라 예상되었고 20세기는 복음 전파를 위한 마지막 기회라고 여겨졌다. 기도의 전사들은 하나님께 '부흥'을 간청했다. 그들은 세상에서 사역을 이끌 능력을 달라고 간구했다. 우리는 지금 그들의 기도가 얼마나 효과적인지 보고 있다. 왜냐하면 그들이 간구하거나 생각한 것보다 훨씬 더 위대한 일들이 일어나고 있기 때문이다. 1904~1906년에 일어난 웨일스의 부흥은 고전적인 사건이었다. 사람들은 그와 같은 또 다른 '부흥'을 달라고 계속 기도해 왔다. 이런 기도는 25만 명이 구원을 고백하는 결과를 낳았다. 우리는 평생 동안 "주여, 다시 이 일을 행하소서!"라고 울부짖어야 한다. 이와 같은 놀라운 부흥을 반복해서 일으켜 주시기를 하나님께 간구하는 것은 자연스러운 것이다. 그러나 하나님께서는 무한하시며 더 큰 계획을 갖고 계시다. 우리가 이런 계획들이 분명해지고 있는 이때에 태어난 사람들이라는 사실은 우리에게 행운이다.

이미 언급한 대로 오늘날 성령 세례는 복음 전파와 선교에 변화를 가져왔다. 그리고 우리는 하나님께서 전에는 전혀 알지 못했던 규모로 구원하고 계심을 보게 된다. 성령의 불은 떨어졌다. 불은 그것이 접촉되는 곳마다 불꽃을 일으키고 거룩한 큰 화재로 대륙들을 관통하여 퍼져 나가고 있다.

고대 세계에서 하나님은 근접하여 그분을 알기 원하는 사람이 있어도 너무나 멀리 계신 존재로 인식되었다. 이스라엘에서조차 만일 어떤 사람이 성령 세례를 받았다고 선언한다면 그들은 남을 혼란시키거나 신성모독을 하는 것이라고 생각되었다. 위대하시고 두려운 시내산의 하나님께서 가까이 계셔서 참으로

> 아버지께서는 우리의 몸을 당신의 성전으로 만들기 위해 성령을 보내셨다. 이런 일들이 일어날 때, 아무런 일도 일어나지 않은 것처럼 할 수 있겠는가?

개인적인 만남을 갖는다고? 분명한 망상증! 만일 우리가 무한하신 하

나님의 한량없는 영광을 올바로 이해한다면 이런 불신에 대해 다소간 공감하는 것은 당연하다. 우리는 어떤 기준으로도 하나님 안에서 세례 받는다는 것은 말도 안 되는 발상이라고 인식해야 한다. 그러나 이것은 하나님 자신의 예정에 의해 일어난다. 절대적으로 놀랍지만 절대적으로 진실하다! 우리는 심오하고, 경외심을 느끼게 하며, 회전하는 시스템의 별들이 있는 공간을 생각한다. 우리는 경이로움을 갖고 서 있다. 그러나 그것들을 만드시고 그것들의 창조주이신 성령은 그분의 피조물보다 더 압도적이다.

하나님께서 우리에게 다가오실 때 우리는 어떤 행동을 예상할 수 있을까? 분명 무언가가 있다! 시편 기자들은 그분의 능력이 감추어진 곳에서부터 나오는 하나님에 대한 시를 쓰는 일에 몰입한다: "바다야 네가 도망함은 어찜이며 요단아 네가 물러감은 어찜인고 너희 산들아 수양 같이 뛰놀며 작은 산들아 어린 양 같이 뛰놂은 어찜인고 땅이여 너는 주 앞 곧 야곱의 하나님 앞에서 떨찌어다 저가 반석을 변하여 못이 되게 하시며 차돌로 샘물이 되게 하셨도다"(시 114:5~7). 구약성경은 하나님을 '경외'라고 불렀다. 우리는 거룩하신 분 앞에서 위축된다. 그분이 우리에게 오심은, 그것도 보혜사로 오심은 경이롭다: "주의 온유하심이 나를 위대하게 하셨나이다"(시 18:35, NKJV). 우리 모두를 사랑하시는 예수님께서 우리에게 성령을 보내시겠다고 말씀하셨다! 우리에게! 영적인 은수저를 입에 물고 태어난 엄선된 인간들을 위해서가 아닌 우리 모두를 위해.

성령이 임할 때 많은 사람들은 진동하거나 쓰러지는 등 말로 표현할 수 없는 감정들이 그들에게서 나타났다. 이것은 별로 놀랄 만한 것이 아니다. 만일 사람들에게 이렇게 영향을 끼치지 않았다면 이상했을 것이다. 하나님이 시내산에 임하셨을 때 모든 산은 "크게 진동"하였다(출 19:18). 시편 기자는 "내가 환난에서 여호와께 아뢰며 나의 하나님께 부르짖었더니 저가 그 전에서 내 소리를 들으심이여 그 앞에서 나의 부르짖음이 그 귀에 들렸도다 이에 땅이 진동하고 산의 터도 요동했으니 그의 진노를 인함이로다"(시 18:6~7)라고 말했다. 성령은 불멸의 능력으로 예수님을 죽음에서 일으키신 바로 그 영이시다.

과거 부흥에 대해 기술한 것에서 우리는 많은 사람들이 마치 술에 취한 것처럼 되어서 뜻을 알 수 없이 울부짖고, 짐승 같은 소리를 내고, 심지어는 개처럼 짓기도 하고, 나무를 타고 올라가기도 했다는 것을 읽게 된다. 이런 행동의 일부는 정신병적이다. 하나님은 사람들로 하여금 나무에 올라가도록 직접 부추기시지는 않는다. 이런 '부흥'의 모습들은 성경적으로는 전례가 없는 것들이다. 그러나 그분의 임재, 하늘과 땅을 창조하신 하나님의 임재는 모든 것을 압도할 수 있다. 하나님께서는 당신의 부흥을 위해 가장 겸손한 방법을 사용하신다. 우리는 하나님께서 모세에게 불타는 떨기나무에서 말씀하셨음을 기억한다. 왜 하나님께서는 사람의 겸손함을 통하여 말씀하지 않으실까?

성령으로 충만함을 받은 사람들의 반응을 '거품'(froth)이라고 불렀다. 거품은 바다의 파도에서 생긴다. 때때로 거품이 만들어지고 거품처럼 보이기도 하지만 실제로는 파도도 거품도 없다. 그러나 성령의 파도가 군중들에게 덮칠 때는 거품, 곧 실제 거품을 분명히 만들어 낸다. 아무도 이와 비슷한 것을 만들 수는 없다. 과거 부흥회에 참여했던 군중들에 대해 이것은 군중 심리일 뿐이라고, 최면 상태의 압박들과 흥분에 '사로잡힌' 자들이라고 비판한다. 이 책은 집단 히스테리를 지지하는 것이 아니라 하나님으로부터 오는 진정한 실재를 지지한다. 이것은 그리스도 자신의 약속보다 부족함이 없다. 그분은 자신의 영을 보내셨고, 우리의 반응은 이럴 수도 저럴 수도 있다. 그러나 이제는 말씀의 지식이 우리를 인도한다. 성령이 단지 감정이 아닌 다른 방언과 말하는 능력을 주셨기 때문에 우리는 의미 없는 울부짖음에는 관심이 없다: "이는 곧 선지자 요엘로 말씀하신 것이니"(행 2:16).

> 방언을 말하는 것은 사람과 하나님의 뜻이 함께할 때이다. 우리는 성령이 우리에게 권한을 주실 때 방언을 할 수 있다. 우리가 말할 때 이것은 제창(齊唱)하는 것과 같다.

아버지께서는 우리의 몸을 당신의 성전으로 만들기 위해 성령을 보내셨다. 이런 일들이 일어날 때, 아무런 일도 일어나지 않은 것처럼 할 수 있을까? 아무런 흔적도 없을까? 하나님께서 단지 불상처럼 앉아 있게 하시기 위해 사람들에게 부활의 생명을 부여하실까? 성경은 우리가 전혀 다른 어떤 것을 기대할 수 있다고 말씀한다: "예수를 죽은 자 가운데서 살리신 이의 영이 너희 안에 거하시면 그리스도 예수를 죽은 자 가운데서 살리신 이가 너희 안에 거하시는 그의 영으로 말미암아 너희 죽을 몸도 살리시리라"(롬 8:11). "너희 죽을 몸도 살리시리라"는 말씀은 증명돼야 한다! 특별히 이런 생명, 죽지 않는 생명이! '성령으로 세례를 받는다' 라는 바로 그 표현은 역동적이다. 이것은 성직자에 의한 성례전의 동작이 아니다. 이것은 실재다.

C. S. 루이스(C. S. Lewis)는 인간인 우리는 강한 감정들을 표출하는 방법이 거의 없다고 지적했다. 우리는 웃고, 울부짖고, 소리 지르고, 눈물을 흘릴 수 있다. 그리고 감정에 병이 들 수도 있다. 루이스 박사는 방언은 또 다른 감정의 표출이라고 말했다. 우리 자신은 이런 방법으로 표현하고 우리 안의 성령도 마찬가지이다. 심지어 "말할 수 없는 탄식으로"(롬 8:26) 기도하신다. 이런 말하는 능력은 성령의 특징을 드러낸다. 확실히 하나님은 연약하거나 매력 없고 특별하지 않은 표적은 주시지 않는 것 같다. 방언의 현상은 아주 특별한 것이다. 종교적으로 꾸며 낸 것이라기에는 너무 색달라서 보기 드물다. 만일 하나님께서 먼저 이것을 약속하지 않으셨다면 생각이 문득 쉽게 떠오르지 않았을 것이고, 우리는 결코 열망하지도 않았을 것이다. 이것은 하나님의 아이디어이다. 그분의 생각은 하늘이 땅에서 높은 것같이 우리가 생각하는 것보다 훨씬 더 높으시다. 그분은 불타는 떨기나무로 모세를 깜짝 놀라게 하셨다. 방언은 우리가 성령으로 충만할 때 깜짝 놀라지 않도록 하나님께서 하신 일을 대표한다.

3부

어떤 사람이 방언을 말하는 것에 대해 고민하는 것을 이해하는 것은 쉽다. 이것은 하나님께 단지 마음으로만이 아니라 신체적으로 순복하는 것이 포함된다. 많은 사람들이 하나님의 뜻을 행하는 것을 기뻐하지만 방언을 말하는 것은 사람과 하나님의 뜻이 함께할 때이다. 우리는 성령이 우리에게 권한을 주실 때 방언을 할 수 있다(행 2:4). 우리가 말할 때 이것은 제창(齊唱)하는 것과 같다.

우리의 타락한 아담의 본성은 단호히 냉정하게 그 본성을 지킨다. 그러나 우리는 하나님께 속해 있다. 우리가 성령 세례를 받을 때 우리는 그분의 권리들을 인식한다. 이런 일들은 마치 밀고 들어오는 힘을 침략으로 여긴 동물이 본능적으로 저항하는 것과 같다. "이것은 나야. 내 몸이야"라고 소리 지르는 것은 우리들 대부분의 자동적인 반응이다.

우리는 본능적으로 육신적인 자아를 방어한다. 그러나 하나님 한 분만이 우리들에 대한 권리를 갖고 계신다. 말하는 능력을 주시는 성령은 하나님이 그분의 권리를 선포한다고 말씀한다. 우리에게 완전한 확신이 주어진다. 우리는 분노할 수도 있다. 예수님 자신도 이것을 아셨기에 질문하신다: "너희 중에 누가 아들이 떡을 달라 하면 돌을 주며 생선을 달라 하면 뱀을 줄 사람이 있겠느냐." 그리고 확신케 하는 말로 이어진다: "하늘에 계신 너희 아버지께서 구하는 자에게 좋은 것으로 주시지 않겠느냐"(마 7:9~11). 우리가 가질 수 있는 어떤 불안감을 해소하기 위한 모든 상황이 고린도전서 6장 19~20절에 설명되어 있다: "너희 몸은 너희가 하나님께로부터 받은바 너희 가운데 계신 성령의 전인 줄을 알지 못하느냐 너희는 너희의 것이 아니라 값으로 산 것이 되었으니 그런즉 너희 몸으로 하나님께 영광을 돌리라." 하나님은 잔악한 일을 즐기는 그런 분이 아니시며 우리를 조롱거리로 만드는 분도 아니시다. 방언을 말하는 것은 우리의 몸으로 하나님께 영광을 돌리며 우리 안에서 그분이 역사하시도록 허락하는 것이라고 바울이 고린도 교회에게 썼던 것이다.

방언은 우리가 하나님을 위해 단지 영적으로뿐만 아니라 인간적인 감각도 완전히 지음 받았다는 사실에 대한 놀라운 표적이다. 하나님께서는 영혼뿐 아니라 인간을 사랑하시며 관계하신다. 우리에게 하나님이 없다면 우리는 창조주가 의도하신 존재가 될 수 없다. 하나님께서 원하시는 인간이란 하나님으로 가득 찬 존재라는 의미다. 회심, 새로운 탄생은 우리가 신성을 받았다는 의미다. 그분은 우리와 자신을 하나 되게 하신다(벧후 1:4). 예수님은 인간이시며, 하나님이시고, 완전한 사람이시다. 내주하시는 성령은 인간적인 삶의 표본이다. 예수님은 두 본성을 가진 한 인격이시다. 그분은 보통을 넘지 않는다. 그분은 변종이나 돌연변이가 아닌 이상적인 분이시고, 정상적인 남자며 인간이고 하나님이시다. 그분의 성육신은 인간성의 놀라운 가능성을 우리에게 보여 주신다. 하나님은 사랑 안에서 우리들과 자신을 동일하게 되도록 하나님 자신을 위해 우리를 만드셨다. 하나님과의 연합은 우리가 마땅히 되어야 할 존재가 되는 것이다. 성령을 받는 일은 생명의 완성이다.

성령 충만은 태초부터 하나님의 계획 속에 있던 아주 놀라운 행운이다. 하나님께서는 결코 우리에게 자신을 강요하지 않으신다. 우리는 관계하지 않을 수도, 입을 꼭 다물고 있을 수도 있다. 이런 태도는 성령을 억제하고 슬프게 한다. 우리는 우리 자신에게서 자유롭게 되었다: "너희는 너희의 것이 아니라"(고전 6:19), "너희 몸을 하나님이 기뻐하시는 거룩한 산 제사로 드리라 이는 너희의 드릴 영적 예배니라"(롬 12:1).

방언은 필요할까? 성령 세례를 받은 사람들은 모두 방언을 할까? 이런 질문은 매우 신랄하다. 이 질문은 여러 해 전 미국의 하나님의 성회 교단에 의해서 근본적인 특징을 그들의 중요한 성명서에 기록할 때 아주 정직하고 철저하게 토의되었다. 하나님은 주권자이시고 특정한 절차에 의해 신성하도록 자신을 매어 놓지 않으시지만, 그럼에도 불구하고 그분은 신실하신 하나님이심이 인정된다. 이방의 신들은 예측이 불가능하고 믿을 수 없는 존재이지만 선지자들은 이스라엘 민족에게 주님은 자신과 자신의 약속을 진실되게 하신다고 깨우쳐 주었다. 하나님께서는 표적이 없이도 사람들에게 세례를 주실 수 있지만, 우리는 특별한 체험에 의해 교리를 내세울 수는 없다. 마찬가지로 예수님께서는 복음적인 지식이 없는 막달라 마리아와 삭개오 같은 사람들을 구원하셨다. 우리는 하나님께 교리적인 권위를 받지 않았다. 우리의 권위는 오직 말씀이다. 방언을 말하는 것 이외에 성령의 세례에 대한 다른 어떤 증거도 없다고 단언한다. 하나님께서 예외적으로 허용하실지 안 하실지는 모르지만 우리는 방언 없이 성령을 이용하거나 요청할 수 없다.

만일 어떤 사람이 방언 없이 성령 받기를 원한다면, 19세기의 불

확실한 상태로 돌아가기를 요청하는 것이다. 그들은 성령이 자신들에게 오셨다는 확신을 위한 표적이 필요했다. 이런 표적 없이 성령을 원하는 사람은 누구나 '그들이 성령 충만한지 어떻게 알 수 있을까?' 하는 자신이 갖고 있는 동일한 문제에 직면하게 된다. 세례는 반드시 볼 수 있기 때문에 실재다. 실제적인 어떤 증거가 존재하지 않는다면 그러한 일이 일어나지 않았을 것으로 보인다. 신학적이거나 학문적인 이론은 성령의 놀라운 채우심과 내주하심을 위한 대용품이 아니다. 이것은 우연한 것이 될 수 없다. 이것은 분명히 인식할 수 있고 아주 멋있음에 틀림없다. 의심할 여지없이 인류는 거대하다. 우리는 똑같은 성격으로 만들어지지도 않았고 경험도 가지각색이다. 성령 세례를 받은 어떤 사람은 즉시 방언을 말하지 않을 수도 있다. 성령 충만은 아무런 증거 없이 어디서 누군가가 주장할 수도 있다. 그러나 우리는 말씀에 의지하여 여전히 증거를 원하며, 그 증거는 말씀에서 약속된 것이다.

그러나 동전에는 다른 면이 있다. 방언을 말하는 모든 사람이 성령 세례를 받은 것은 아니다. 우리가 다른 점을 말할 수 있도록 바울은 가이드라인을 규정한다. 성령으로 말하는 사람은 누구나 예수를 저주하지 않는다(고전 12:3). 이것은 또 다른 영임에 틀림없다. 모방하거나 진짜인 척하거나 또는 마귀에게 감동받은 자들을 간파하기는 어렵지 않다. 하

> 하나님께서는 결코 우리에게 자신을 강요하지 않으신다. 우리는 관계하지 않을 수도, 입을 꼭 다물고 있을 수도 있다. 이런 태도는 성령을 억제하고 슬프게 한다.

나님은 우리가 좋은 음식을 구하는데 우리에게 돌이나 전갈을 주시겠느냐고 말씀하셨다(마 7:9, 눅 11:12). 예수님의 이름으로 아버지께 드리는 기도는 아버지와 아들이 들으시고 응답하신다.

성령의 표적으로 방언을 말한다는 사실은 모든 것을 바꾸었다. 이것은 전 세계에 영향을 끼쳤다. 이것은 아마도 20세기 초 가장 중요한 발전으로 기록되어야 할 것이다. 처음으로 믿는 자들은 긍정적인 확신을 갖게 되었다. 하나님이 증인이 되도록 그들에게 능력을 주셨음을 그들은 알았다. 새로운 담대함이 그들을 붙잡았다. 복음 전파는 새로운 국면을 맞게 되었다.

표적이 함께하는 성령 세례는 아주 분명해 보인다. 어떻게 사람들은 전에 그것을 인식하지 못했을까? 이것이 이해하지 못하는 유일한 것은 아니다. 하나님께서는 여전히 경이로우신 하나님이시고 치유하시는 주님이시다. 그렇지만 여전히 성령은 주의를 끌지 못하는 것처럼 보이며 모든 신학서적에서도 거의 언급이 없다. 19세기에 하나님에 의한 치유의 실재가 복음주의자들과 거룩한 그룹 사이에 이미 행해지고 있었다.

그리스도인들의 믿음은 모든 일이 항상 두드러지게 보이지는 않을지라도 하나님께서 하신 일에 만족했다. 교회는 하나님께서 그리스도인들을 위해 하신 것과 '은혜'라고 불리는 어떤 것을 믿도록 함께 하나로 묶었다. 은혜는 인격이 아니고 하나님에게서 나오는 거룩한 능력과 같은 것이다. 이것은 그 자체의 의지를 갖고 있고 신성하고 주권적인 권위로 행한다. 예를 들면, 구원을 받을 자와 받지 못할

자를 선택하는 것. 우리는 이것을 3장에서 설명했다.

　오순절의 경험은 성령에 집중하고 은혜에 집중하지 않는다. 은혜에 대한 가르침은 성령 세례를 위한 교회의 교리에 실제로 없었다. '은혜에 관한 전통'은 성령에 의한 것으로 덮어 버렸다. 성령 세례를 이해하기 전에 말씀 자체가 이해되어야 한다. 19세기에 성경의 가르침은 이런 방향으로 발전되었다. 진리는 전통 교회의 범위 안에서 천천히 움직였다. 실제로 많은 사람들이 성령을 경험했고, 그것이 무엇인지 알지 못한 채 방언을 말했다. 성령은 말씀에 대한 사람들의 이해를 기다려야만 했다.

　소위 '새로운' 것들이 반대에 부딪치게 되는 것은 놀랍지 않다. 순수하게 영적인 믿음의 전통은 일반적인 믿음에 깊이 파고 들어갔다. 프린스턴신학대학 학장인 벤자민 워필드(Benjamin Warfield)와 같은 성경교사들이 반대가 잘못되었음을 보여 주기 위해 새로운 성경 해석을 만들었다. 논쟁은 방언을 말하는 사람들에게 독설을 퍼부었고 그들에게 "은사가 아니라 열매를 구하라"고 충고했다. 성경학교의 학생들은 성경이 다음과 같이 말한 것을 잊어버렸다: "방언 말하기를 금하지 말라 … 사랑을 따라 구하라 신령한 것을 사모하되"(고전 14:39, 14:1). 편집병적인 흉악한 이야기들이 이 책에서 저 책으로 복사되었다. 그러나 선구자들은 교회 행사에 참여하는 것이 수년 동안 배제되었음에도 그들의 체험을 부인하지 않았다. 슬프게도 교회의 배척은 공적인 태도들과 그리스도를 위한 그들의 증언이 제대로 발휘되지 못하게 영향을 주었다. 그럼에도 불구하고 그들의 체험들과 말씀은 억압당하고, 외톨이가 되고, 잘못 전해졌어도 그들이 흔들리지 않게 했다.

> 성경은 병 안에 있는 공기가 아니라 움직이는 바람만을 말한다. 행동하지 않는 성령, 표현하지 않는 성령에 대해 말하지 않는다.

이 반대는 흥미롭다. 이런 반대는 기독교 신앙을 영혼이 하늘로 이주하는, 하늘로 가는 방법으로만 생각하는 데서 나왔다. 성령 충만하면 그리스도인의 신체에 큰 변혁이 즉시 나타난다. 하나님은 우리에게 영적으로뿐만 아니라 육신적으로도 역사하신다. 하나님의 사랑의 넓이와 길이에 깊이를 더하신다: "온 인류를 위한 완전한 복음."

무가치하다는 느낌은 성령의 임재와 능력에 대한 확신을 방해했다. 중세의 수도사들은 단지 머리를 숙이는 정도가 아니라 기어 다녀서 그 면밀함이 죄가 될 정도로 그들의 영혼을 부지런히 찾았다. 오늘날 많은 그리스도인들도 비슷하다. 예수님의 피조차도 그들을 깨끗하게 하기엔 충분하지 않다. 죄의 뿌리와 흔적이 참회했음에도 남아 있어 변함없이 회개하는 삶을 살아간다. 이런 무가치함에 대한 강한 확신이 신앙을 거의 전하지 못하게 한다. 만일 성령의 임재를 확신하기 위해 경건의 최고봉에 올라야만 한다면, 이들 그룹 중 극소수의 사람들만이 세상을 뒤흔드는 자들이 된다는 것은 놀랍지 않다. 사실은 성경이 우리 모두에게 "성령의 충만을 받으라"(엡 5:18)고 강력하게 권고하고 있고 모든 믿는 자들에게 일반적인 경험이 될 예정이었음을 암시한다.

성경의 초대 교회 성도들은 완전한 그리스도인의 모델 인물로 자주 언급하고 있지만 오늘날 그리스도인들과 비교할 때 슬프게도 부족함을 보게 된다. 영적인 결핍과 연약함의 용납이 거룩하다는 표적일까? "왜 부흥이 없을까?"라는 질문에 알 휘팅힐[Al Whittinghill, 「하나님의 대사들」(Ambassadors for God)]은 다음과 같이 썼다: "주 예수의 교회에서 정말로 정직한 모든 사람들은 마음속 깊이 오늘날 무엇인가 잘못되었다고 인식하고 있음이 틀림없다."[1] 우리는 어떠한가? 어쩌면 그들은 그것을 가르친 사람만 믿을 것이다. 또한 다른 기독교 정기 간행물인 〈The Herald of His Coming〉도 크로퍼드 로릿(Crawford Loritts)이 말한 것을 게재했다: "우리는 모두 흠을 가지고 있다. 우리가 체험한 것들이 얼마나 많이 표현되든지, 또한 회복에 대해 우리가 얼마나 많은 글을 쓰고 설교하고 말하든지 간에 그곳에는 여전히 흠이 존재한다."

우리는 이런 종류의 고백에 결부될 수 없다. 성경은 예수의 피가 우리를 완전히 깨끗하게 한다고 단언한다. 흔적도 자국도 남지 않는다. 우리는 우리 자신의 인격이 훌륭해서가 아니라 그분의 의로움으로 옷 입어서 하나님과 함께 걷는다. 우리가 깨끗하다는 것을 알지 못하면 우리는 우리 안에 성령이 거주하신다는 사실을 알 수 없다. 그럼에도 첫째는 말씀에 의해, 둘째는 우리와 함께하시는 하나님과 진정한 체험에 의해 우리는 진리를 알 수 있고 또 안다.

---

[1] 「그리스도의 대사들」, 웹사이트에서 발표한 '왜 부흥이 없는가?' 기사에서, www.afci-usa.com

만일 누군가 의기소침하여 교회를 본다면, 알 휘팅힐의 말처럼 분명히 무언가가 잘못되었다. 이것은 분명히 하나님께서 기대하시는 상태가 아니다. 그렇다면 무엇이 잘못되었을까? 능력과 축복은 거룩함에 비례한다고 억측하는 사람들이 매우 가까이에 있다. 만일 축복에 대한 소망이 높은 영적인 인품에 달려 있다면, 그것은 하나님이 아닌 인간의 믿음이다. 포도원을 망치는 작은 여우는 치명적인 결함이다(아 2:15를 보라). 하나님의 엄청난 은혜를 요구할 수 있는 위대한 사람은 없다. 하나님께서는 성령을 자급자족할 수 있는 사람에게 주시지 않고 필요한 사람에게 주신다.

신약성경의 서신서들은 성령 충만한 삶이 정상적인 생활임을 당연한 일로 생각한다. 초대 교회 그리스도인들의 믿음은 우리들처럼 완벽하지 않았다. 성령은 그들이 탁월한 인간이 아니기 때문에 그들과 함께하셨다. 그들은 성령 충만이 필요했기 때문에 성령 충만을 받았다. 성령에 적합한 존재가 되기 위해 우리 모두에게는 성령이 필요하다.

바울이 보살폈던 교회들 가운데 갈라디아 교회는 다른 교회들보다 더 그를 불편하게 만들었다. 그럼에도 그 교회는 성령의 역사로 인해 주목을 받았다. 바울이 그렇게 말했다. 문제는 그들이 은혜가 아닌 율법의 복음을 받아들였다는 것이다. 갈라디아 교회는 기적과 함께 "성령으로 시작했다가" 율법주의로 바꾸었다(갈 3:3-5). 능력과 충만의 목표를 달성하기 위해 정상을 향해 열심히 올라가는, 영적으로 높은 수준이 되기 위한 그리스도인들의 노력과 그들의 견해는 오늘날 원근각처에서 찾아낼 수 있다. 그것은 성령이 아닌 복음으로 끝난다. 바울은 결국 그들의 견해 또는 모든 것을 잃기 때문에 규정과 규칙으로부터 돌아서라고 갈라디아 교회와 계속해서 성령에게 간청한다. 그들의 견해는 오늘날 그리스도인들이 주의해야 할 핑계다.

성령은 자신을 나타내실 것이다. 그분은 이런 목적을 위해 이곳에 계신다. 성령은 영, 바람 또는 하나님의 호흡이다. 우리는 잠잠하고 조용한 성령을 소유할 수 없다. 불지 않는 바람이나 숨 쉬지 않는 호흡이란 없다. 성경은 병 안에 있는 공기가 아니라 움직이는 바람만을 말한다. 행동하지 않는 성령, 표현하지 않는 성령에 대해 말하지 않는다. 하나님께서는 움직이지 않는 분도 아니고 우리의 삶을 자극하거나 깨울 필요도 없다. 우리가 잠자는 존재이지, 하나님은 아니시다. 그리스도 이전에 성령의 바람은 편만하지 않았다: "성령이 아직 계시지 아니하시더라"(요 7:39).

성령은 슬퍼하고 억제할 수 있지만 그분이 계실 때만 그렇다. 이 세상은 성령을 비탄에 잠기게 할 수 없다. 왜냐하면 성령은 이 세상에 거주하지 않기 때문이다.

성령이 무엇을 행하든 이런저런 방법으로 사람들을 참여시킨다. 하나님께서는 대리자인 인간과 관계없이는 이 땅에서 아무 일도 하지 않으신다. 이것이 그분이 우리가 성령 충만하기를 원하시는 이유다. 믿는 자들 안에 그분의 성령이 내재하심으로 그분의 시스템에 우리를 연결시킨다. 그들은 하나님의 역사를 위해 준비된 이 세상에의 전기 콘센트가 되고 그들을 통해 하나님은 당신의 뜻을 이루신다. 그들은 하늘의 능력이 인간 생활에 내려오게 하는 영적 피뢰침과 같다.

우리는 온 세상의 유익을 위해 우리의 팔을 하나님께 뻗을 수 있다. 우리의 기도는 말이 없을 수도 있다. 우리의 언어는 눈물, 한숨 또는 하늘을 향해 뻗은 손일 수도 있다. 이 땅에서 우리의 존재는 하나님의 일을 하는 도구이다. 우리가 성령과 믿음으로 무엇을 하든, 하나님께서는 한계를 넘어 하나님께서 원하시는 것을 하나님을 위해 가능하도록 그렇게 만드신다. 예수님께서 말씀하셨다: "세상의 빛이라"(마 5:14). 한 빛이 먼 길을 비춘다. 우리가 해야 할 유일한 일은 빛을 비추는 것이다.

Reinhard Bonnke

하나님께서는
당신의 부흥을 위해 가장 겸손한 방법을 사용하신다.
우리는 하나님께서
모세에게 불타는 떨기나무에서 말씀하셨음을 기억한다.
왜 하나님께서는
사람의 겸손함을 통하여 말씀하지 않으실까?

CHAPTER 11

새로운 만남

우리가 상상하는 그런 신성한 계시는 기대할 수 없다. 만일 그런 계시가 존재한다면, 신성한 계시는 전혀 필요가 없을 것이다. 그것은 특별한 것이고, 적어도 창조자 성령이 안내하는 특별한 접근 방법이 필요하다. 우리는 말씀을 '분별' 하여야 한다(고전 2:14). 성경 본문은 적절한 상황 속에 놓일 때 빛을 발한다. 성경은 "아로새긴 은쟁반에 금사과니라" 라고 말한다(잠 25:11). 이 장은 몇 가지 질문을 자주 야기하는 두세 개의 따로 떨어진 성경 구절로 시작하려고 한다. 나는 적절한 상황 속에서 성경 구절들이 계시의 지표처럼 보이기를 바란다.

첫 번째 구절은 세례 요한이 예수를 소개한 구절이다: "나보다 능력 많으신 이가 내 뒤에 오시나니 … 나는 너희에게 물로 세례를 주었거니와 그는 성령으로 너희에게 세례를 주시리라"(막 1:7~8). 예수님께서 세상에 계시는 동안 그분은 누구에게도 성령으로 세례를 주신 적이 없다는 사실이다. 그분은 세례 요한의 말을 그분이 승천하신 후에 실현하셨다. 그분은 지금 성령 안에서 세례를 주신다. 이것은 오늘날 그분의 성스러운 직임이다. 때때로 우리는 그분이 성령 세례자 심을 받아들이거나 거부해야만 한다.

이런 종류의 두 번째 말씀은 요한복음 7장 39절이다: "성령이 아직 저희에게 계시지 아니하시더라"(헬라어: "성령이 아직 계시지 않으셨다"). 아직 아니다? 이것은 놀랍다. 모세, 다윗, 엘리야, 엘리사 그리고 예언자들에 대한 것은 무엇일까? 미가 3장 8절에서 "나는 여호와의 신으로 말미암아 권능으로 채움을 얻고"라고 말한다. 사사기에서도 몇 번이나 우리는 "여호와의 신이 임했다"는 말씀을 읽게 된다. 옷니엘, 기드온, 입다, 삼손 등 사무엘서에서는 성령이 사울 왕과 다윗 왕과 예언자에게 임했음을 묘사한다. 사도 베드로는 기록했다: "성령의 감동하심을 입은 사람들이 하나님께 받아 말한 것임이니라"(벧후 1:21). 예수님께서는 제자들에게 성령이 그들과 함께 있지만 그러나 그들 안에 있을 것임을 말씀하셨다.

이 모든 기록이 있음에도 "성령이 아직 계시지 않으셨다"! 고린도전서 12장 6절은 우리에게 말씀한다: "역사는 여러 가지나 모든 것을 모든 사람 가운데서 역사하시는 하나님은 같으니." 첫 제자들은 분명히 한 가지 이상의 방법으로 성령을 경험했을 것이다. 이 세상은 다양함, 모양, 색상, 크기, 향기, 거대함, 작음, 딱딱함, 부드러움 등 모두 성령의 수제품으로 가득 차 있다. 그분은 우리들과 관계하시는 다양성의 하나님이시다. 어떤 사람들은 우리가 거듭났을 때 받은 성령은 우리가 얻을 수 있는 모든 것으로 알고, 우리가 해야 할 일은 충만을 유지하는 것이라고 믿었다. 하나님은 기적의 하나님이시다. 우리가 처음 그리스도를 믿기 시작할 때 그분은 아무런 일도 행하지 않으신다. 그러나 우리가 성령 세례를 받을 때에도 동일하셔야 한다고 생각하기는 어렵다. 성령 체험도 없고, 드러나는 은사도 없고, 방언도 없다? 이것은 분명히 옳지 않다!

이제 언급하여야 할 아주 중요한 것이 하나 있다. 성령은 인간의 의지가 아니라 하나님의 의지에 따라 고대 이스라엘의 사람들에게 임하셨다. 그들은 하나님께 능력을 구하거나 특별한 일을 할 수 있도록 간구하지 않았다. 예수님께서는 제자들에게 다음과 같이 말씀하셨다: "너희가 나를 택한 것이 아니요 내가 너희를 택하여 세웠나니 이는 너희로 가서 과실을 맺게 하고"(요 15:16). 그분이 그들을 선택하셨다. 만일 그들이 그분의 목소리를 듣기 위해 기다렸다면 그리고 그들이 하나님의 음성을 듣는 일에 있어서 모범 인물들이었다면, 성경이 결코 그렇게 말하지 않은 것은 이상하다. 그들은 '느닷없이' 부르심을 받았고 그분을 찾지도 않았다. 성령은 70인역 구약성경에서 말한 것처럼 그들 위에 뛰어오르셨다(leaped). 그리고 같은 단어가 사도행전 3장 8절에 나온다: "걷기도 하고 뛰기도(leaping) 하며." 하나님의 사역은 인간의 창의력을 믿는 것이 아니라 하나님 자신의 열정을 믿는다. 나이 든 사람이 성령의 대리자가 되었지만, 그것은 하늘 문을 망치로 두드렸기 때문도, 하나님의 일을 하는 데 있어 재빠르기 때문도 아니었다. 하나님께서는 자원하는 사람들에게 의존하신 적이 결코 없으시다. 그분은 그들을 부르시고 모집하신다. 하나님께서 어떤 일을 위해 누군가를 필요로 하실 때, 그분은 어떤 사람이 갑자기 나타날 때까지 기다리지 않으신다. 그분은 누군가를 부르신다.

이것은 오순절의 위대한 그날과도 꼭 같다(행 2장). 진정한 의미가 무엇인지 사람들이 생각조차 못했던, 오래전에 그분이 원했고 약속했던 놀라운 성령이 아래로 빠르게 강림하셨다. 제자들이 그 순간을 선택한 것이 아니다. 하나님은 자신이 원하시는 시간에 행하셨다. 이것이 성령의 특성이다. 예수님께서 말씀하셨다: "바람이 임의로 불매 네가 그 소리를 들어도 어디서 오며 어디로 가는지 알지 못하나니 성령으로 난 사람은 다 이러하니라"(요 3:8).

하나님께서 말씀하시는 것을 꼭 얻을 필요가 있다면 열정적으로 기도하라! 이 말은 유별난 의견으로 보인다. 중요한 기독교 진리 중 하나는 하나님께서 말씀하신 계시이다. 그분의 음성을 듣기 위해 긴장하며 기다리는 기도는 기도에 대한 오해다. 성경은 결코 그렇지 않다. 어떤 신실한 그리스도인은 열린 마음을 갖고 기다린다. 그러나 열린 마음이란 자기 자신의 욕망이 아닌 하나님으로부터 오는 다른 모든 아이디어를 끌어당기는 진공상태다. 세상과 육신과 마귀의 시도도 또한 마음의 공허함을 내 것으로 만들 수 있다.

> 우리가 상상하는 그런 신성한 계시는 기대할 수 없다. 만일 그런 계시가 존재한다면, 신성한 계시는 전혀 필요가 없을 것이다.

다른 '문제' 구절로 돌아가 보자: "여자가 낳은 자 중에 세례 요한보다 큰이가 일어남이 없도다 그러나 천국에서는 극히 작은 자라도 저보다 크니라"(마 11:11). 이 구절은 성경에서 가장 중요한 구절 중 하나이다. 이것은 신성한 사건에서 근본적인 전진의 신적인 선포다. 이것은 적절히 이해되어야 한다. 예수님께서 먼저 선포하셨다: "하나님의 나라가 가까웠느니라." 그리고 그 뒤에 바로 "나라가 너희에게 임했느니라"라고 선포하셨다.

우리는 시편 14편을 읽고 말함으로 진정한 의미를 이해할 수 있다: "여호와께서 하늘에서 인생을 굽어 살피사 지각이 있어 하나님을 찾는 자가 있는가 보려 하신즉 다 치우쳤으며 함께 더러운 자가 되고 선을 행하는 자가 없으니 하나도 없도다"(시 14:2~3). 이 시가 지어졌을 때 시편은 글자 그대로 진실했다. 이스라엘을 제외한 이 땅의 모든 나라들은 우상의 제단에서 나오는 연기로 인해 짙은 종교적 안개로 덮여 있었다. 작은 불꽃 하나가 이스라엘에서 깜박거렸지만 그곳에서조차도 그들 대부분은 머리에서 이교주의를 결코 완전히 씻어 낼 수 없었다. 바벨론, 헬라 그리고 로마의 강력한 권력은 엄청난 의심과 미신적 관습에 그들의 무거운 짐을 더했다. 가장 지혜로운 자로 칭송을 받는 그리스 철학자 소크라테스(Socrates)는 그의 삶을 마치면서 "크리토(Crito), 우리는 아스클레피오스(Asclepius)에게 닭을 한 마리 바쳐야 하네. 꼭 해야 하네. 절대로 잊지 말게"라고 했다. 아스클레피오스는 의술의 신이라고 생각되는 신이었다.

그러나 이런 어둠의 시간에 무신론과 부패의 흐름에 대항하는 태

> 성경은 하나님의 구원의 날이 오기 전에 사탄이 점령하고 있는 이 세상에서 하나님의 요원들에 대한 점호와 같다.

도를 가진 신실한 사람들이 하나님에게 있었다. 이들은 우리가 방금 말한 사람들, 하나님께서 선택하신 개인들, 그들의 사명을 위해 능력받고 위임받은 사람들을 포함한다. 그들은 어둠에 둘려싸여 있어도 하나님과 교제를 지속했다. 그들은 성령 세례를 받지 못했고, 그 당시 예수님께서 아직 오시지 않았고, 앞으로 오실 성령을 위해 하늘이 열리지도 않았기 때문에 성령이 계시지 않았다.

제2차 세계대전이 발발한 여러 해 동안 나치가 점령한 유럽에서 메아리 쳤던 이야기 일부가 세상에 존재한다. 유럽과 유럽 서쪽과의 왕래는 중지되었지만 완전히 단절되지는 않았다. 믿을 수 없는 용기를 가진 영국의 요원들은 적의 전선의 뒤를 뚫고 들어갔다. 그리고 자유를 위해 싸우는 지하의 저항군들과 같이 작전을 벌였다. 그들은 적들의 계획을 탐지하고 억압받는 유럽에서 생존의 희망을 지켰다. 그들은 연합군의 구조를 약속한 상징이었다.

성경은 하나님의 구원의 날이 오기 전에 사탄이 점령하고 있는 이 세상에서 하나님의 요원들에 대한 점호와 같다. 그리스도가 오셔서 하나님의 왕국을 선포할 때까지 온 세상은 마귀의 무릎아래에 놓여 있다. 어떻게 그런 일이 일어났을까? 하나님은 아담과 하와에게(모두에게) 온 세상을 다스리는 권세를 주셨다. 그러나 '뱀'(마귀)은 그들을 속이고 그들의 통치권을 빼앗았다. 그들은 마귀가 계획한 올무에 빠졌고, 마귀는 그들의 통치권을 빼앗았으며, 그들을 대신해 다스리고, 그들까지도 지배하여 다스렸다. 사도 요한까지도 말하기를 "온 세상은 악한 자 안에 처한 것이며"(요일 5:19)라고 했다.

이 세상은 마귀의 왕국이 되었고, 마귀는 예수님에 의해 붙여진 "이 세상 임금"으로 알려졌다(요 12:31, 14:30, 16:11). 루시퍼의 최초 타락은 그가 이 땅을 눈부신 노획품으로 보았을 때 일어났다. 그는 자신을 위해 이 땅을 원했고, 그 결과 "이 세상 신"(고후 4:4)으로서 보좌에 앉아 신으로 자리를 잡을 수 있었다. 그는 하나님의 긍정 대신 부정을, 빛 대신 어둠을, 선함 대신 악함을 선택했다. 예수님은 "사단이 하늘로서 번개 같이 떨어지는 것을 내가 보았노라"(눅 10:18)라고 말씀하셨다.

예수님은 또한 "모든 선지자와 및 율법의 예언한 것이 요한까지니"(마 11:13)라고 말씀하셨다. 엄청난 변화가 있던 그 무렵, 예수 그리스도는 하나님 나라를 선포하러 오셨다. 유럽에 공격 개시일(D-day)이 있었던 그때 연합군들이 유럽을 돌파해 승리와 자유를 가져왔던 것처럼, 하나님의 공격 개시일에 그리스도가 오셔서 사탄의 장벽을 부수고 구원의 새 시대를 시작하실 것이다. "세례 요한의 때부터 지금까지"(마 11:12) 사탄의 지배력은 계속 줄어들었다: "천국은 침노를 당하나니"(마 11:12). 수백만 명이 하나님 나라로 넘어 들어와 진정한 왕, 사랑의 왕을 섬긴다.

영적인 분야에서 이런 현저한 변화는 성령이 이 땅에서 역사하심이 공개되었음을 의미한다. 그분은 과거에는 계시지 않았지만 지금은 계신다: "예수께서 열 두 제자를 불러 모으사 모든 귀신을 제어하며 병을 고치는 능력과 권세를 주시고 하나님의 나라를 전파하며 앓는 자를 고치게 하려고 내어 보내시며"(눅 9:1~2). 아담은 마귀에게 그의 통치권을 잃어버렸지만 그리스도는 이제 일을 뒤집으셔서 마귀로부터 통치권을 빼앗아 그의 겸손한 제자들에게 주셨다. 그리스도와 함께 왕국은 도래했고, 지금 우리는 성령의 능력으로 주인이 되었다. 점령하고 있던 적들은 패배했다. "하나님의 아들이 나타나신 것은 마귀의 일을 멸하려 하심이니라"(요일 3:8)와 같은 성경 구절에 katargeo라는 단어가 사용되었는데, 그 의미는 '무효로 하다, 무의미하게 하다' 이다.

지금까지 마귀는 그리스도의 발뒤꿈치를 물었던 머리를 흔들고 있었다(창 3:15). 이 세상에 해방의 시대가 왔다: "그 후에는 나중이니 저가 모든 정사와 모든 권세와 능력을 멸하시고 나라를 아버지 하나님께 바칠 때라 저가 모든 원수를 그 발아래 둘 때까지 불가불 왕노릇 하시리니"(고전 15:24~25).

하나님께서는 승리를 위해 엄청난 대가를 지불한 자신의 아들을 우리에게 주심으로 승리의 날에 대한 자신의 입장을 밝히셨다. 이 땅의 목재로 만든 소름 끼치는 형태의 나무 십자가는 성령을 위한 문을 열었다. 그분은 이곳에 영원히 거하시고, 정착하시고, 그분의 사역을 행하기 위해 오셨다. 이 일은 표적, 경이, 기적 그리고 유다서 1장 3절에 언급한 "우리의 일반으로 얻은 구원" 보다도 우주적인 사건이다. 예수님께서 말씀하셨다: "이 세상 임금이 쫓겨나리라"(요 12:31). 이 일은 성령 충만한 수백만 명의 삶 속에서 매일 일어나고 있다.

오늘날 성경의 시대보다도 성령의 실제, 현존 그리고 능력이 명백하게 나타난다. 전에는 일어나지 않았던 일들이 지금은 일어나고 있다. 그리스도가 오시기 전에는 열매가 없었고 불가능했던 것을 이제는 매일 볼 수 있다. 물질적이고 육체적인 능력으로 사역할 뿐만 아니라 모든 인간을 위한 구원의 능력으로 사역한다. 이것을 모세나 엘리야 시대에는 알지 못했다. 예수님께서 말씀하셨다: "적은 무리여 무서워 말라 너희 아버지께서 그 나라를 너희에게 주시기를 기뻐하시느니라"(눅 12:32). 우리는 그리스도와 함께 다스리며, 하나님 나라의 능력인 성령, 예수님이 하나님 나라의 도래를 선포할 때 들어오신 성령이 우리에게 임했다.

세례를 받은 하나님의 백성들 모두가 하늘나라의 자녀이고, 자기의 권세를 알고, 아무것도 두려워하지 않고, 이 세상에 증인으로 성령의 불꽃이 되어야 함을 깨달아야 할 때다. 사탄의 그림자는 여전히 세상을 어둡게 하지만 그리스도가 오신 이후로는 단지 단순한 그림자만 있을 뿐이다. 그리스도는 우리에게 원수들의 모든 속임수를 정복할 수 있는 능력을 주신다. 우리의 임무는 단지 귀신을 쫓아내고, 기적을 퍼뜨리고, 게임을 하는 것이 아니다. 교회는 쇼 비즈니스가 아니다. 귀신들은 분명히 쫓겨나야 하고 기적은 일어나야 하지만 하나님 나라의 백성인 우리는 불신, 무신론, 어둠, 악의 권세 도전한다. 언젠가 죽을 존재인 우리들은 하나님의 군사요, 하나님의 인간 병기요, 하나님의 응답이요, 하나님 나라의 대사요, 외치는 소리요, "하나님과 화목하라"(고후 5:20)고 지음 받았다.

CHAPTER 12

성령이 역사하실 때

어떤 사람이 성경을 펼치자마자 한 가지 의문이 떠오른다. 우리는 "땅이 혼돈하고 공허하며 흑암이 깊음 위에 있고 하나님의 신은 수면에 운행하시니라"(창 1:2)는 말씀을 읽는다. 즉시 우리에게 충격을 주는 것은 하나님의 영이 무질서 위를 운행하시지 그것을 변화시키지는 않는다는 것이다. 그분은 왜 그렇게 하실까? 왜 그분은 기다리고 계실까?

이것은 우리를 위한 실제적인 질문이다. 성령이 언제 활동을 시작하실까? 사람들의 모든 것이 정말로 최고 밑바닥일 때 설교, 토의, 책들은 성령의 축복에 대한 일반적인 사역들을 다룬다. 우리는 하나님께서 우리에게 주신 복을 방해하는 것을 찾는 데 익숙하다. 하나님의 역사를 방해하는 인간의 단점이나 잘못을 발견하기는 쉽다. 사람은 인간의 불완전함과 어떻게 하나님을 화나게 할 수 있는지를 함께 합쳐서 금방 설교할 수 있다. 그러나 우리에게 진정 필요한 것은 하나님으로부터 오는 긍정적인 도움이다. 이것은 우리 모두에게 중요한 것이며, 이 장을 통하여 성경이 어떤 빛을 발산하는지 알게 될 것이다. 부수적으로 우리는 또한 흑암을 덮고 있는 동안 성령이 아무것도 하지 않으신 것에 대한 첫 번째 질문도 살펴볼 것이다.

예수님은 성령이 아무것도 하지 않은 어두움의 시기에 대해 말씀하셨다: "밤이 오리니 그때는 아무도 일할 수 없느니라 내가 세상에 있는 동안에는 세상의 빛이로라"(요 9:4~5). '일' 이란 그분의 기적적인 사역을 의미함과 동시에 소경을 치유하는 것과 같은 하나님의 사역으로서의 치유를 말한다. 그분은 어떤 사람도 밤에는 하나님의 일, 그 일을 할 수 없다고 말씀했다. 그분은 또한 십자가에서의 죽음에 대해 말씀하셨고, 그 후 제자들 외에는 세상에서 그분을 더 이상 볼 수 없었다. 그 다음에는 빛이 사라졌으며, 역사와 치유 및 기적들은 더 이상 없었다.

다른 말로 하면 말씀이 없을 때 성령도 없다는 것이다. 성령은 예수님과 함께하셨는데, 그분이 말씀이셨기 때문이다. 성령은 말씀이신 예수님께서 무덤에 누워 계셨을 때 어느 곳에서도 나타나지 않았다. 성령은 여전히 흑암 위에 운행하셨고, 아버지께서 명하셨을 때 성령은 예수님을 죽음에서 일으키셨다. 지금도 여전히 죽음은 이 땅에 활개치고 성령은 죽음의 흑암 위를 운행하시지만, 말씀이 임하고 그 일이 일어날 그 날과 그 때를 홀로 아시는 아버지의 뜻에 따라 성령은 죽은 사람을 부활시킬 것이다(마 24:36). 오순절 날까지 말씀이 선포된 곳 외에는 성령이 세상에 계시지 않았다. 베드로가 하나님의 말씀이 살아 계시고 우리 가운데 거하심을 말한 첫 번째 복음 메시지를 설교했고, 성령은 그물을 던지셔서 엄청나게 많은 영혼을 끌어당겼다. 베드로는 사람을 낚는 어부가 된 것이다.

예수님이 오셨을 때 요한은 "참 빛이 벌써 비춤이니라"(요일 2:8)라고 기록할 수 있었다. 그리고 그 후 예수님이 체포되었을 때 그는 "밤이러라"(요 13:30)라고 기록했다. 유다와 그의 무장한 병력들은 횃불을 들고 올 수밖에 없었다(요 18:3). 요한은 그 순간의 상징적 표현을 기록했다. 세상은 그리스도의 빛이 없으면 횃불이 필요하다. 세상은 참된 빛의 대용품으로 아이디어, 발명품, 철학, 계획 그리고 자기 자신의 노력 같은 것을 갖고 있다. 그리스도의 빛과 비교하면 그것들은 진정한 빛인 진리의 대용품밖에 안 되는 횃불이다. 그들은 세상이 예수를 십자가에 못 박은 것과 같이 분명히 말씀을 거부한다. 이런 어두움 속에서 성령은 아무것도 안 하시며 기적도 안 일으키신다. 그분은 빛 가운데 걷는 사람들을 위해 역사하신다.

겟세마네의 그늘 속에서 예수님은 자기를 잡으러 온 사람들에게 말씀하셨다: "이제는 너희 때요 어두움의 권세로다"(눅 22:53). 어두움이 둘러싸던 그 순간부터 성령은 역사하지 않으셨다. 그리스도가 부활하셔서 승천하실 때까지 성령은 세상에서 아무것도 하지 않으셨다. 성령은 말씀의 빛 안에서만 역사하신다.

예수님께서 세상에 오셨을 때 또한 성령도 오셨고 그분과 함께 계셨다. 예수님께서 계신 곳에는 능력이 있다. 온 세상이 어두움 속에 놓여 있지만 그분이 오셨을 때 이방인들은 위대한 빛을 보았다. 첫 제자들이 말씀을 전하러 나갔을 때 성령은 그것을 인정하셨고 축복하셨다.

기도는 역사를 위한 성령의 신호로서, 하나님께서는 기도가 없이는 아무것도 행하지 않으신다는 말이 있다. 물론 그럴 수도 있지만 그것은 반쪽 진리이다. 다른 반쪽은 성령은 말씀 없이는 아무것도 행하지 않으신다는 것이다. 솔직히 말해서 만일 교회의 그리스도인들이 기도만 한다면 실제로 얼마나 많은 일들이 일어나겠는가?

> 성령의 동기는 항상 같은데, 그것은 하늘 자체의 충격적인 능력으로 말씀을 채우시는 것이다.

많은 경우에 성령은 부흥을 위한 엄청난 기도가 없이도 역사하셨지만 복음의 말씀이 없이는 결코 역사하지 않으셨다. 성령이 독립적으로 역사하신다고 하더라도 그분은 그분이 하시기 원하는 것을 계시하신다. 왜냐하면 그분은 원치 않는 일을 하시는 분이 결코 아니시기 때문이다. 그분은 선하시며, 쉽게 간청할 수 있고, 은혜로우신 분이라는 것 외에 다른 어떤 표적도 없다. 성령의 동기는 항상 같은데 하늘 자체의 충격적인 능력으로 말씀을 채우시는 것이다.

"성령의 검 곧 하나님의 말씀"(엡 6:17). 그분은 다른 무기를 갖고 있지 않다. 그분은 우리가 아무리 탁월하게 보여도 우리의 사고방식을 활용하는 일을 결코 하지 않으신다. 성령은 말씀을 기다리시며 흑암 위에 운행하셨고, 그 후에 빛이 있었다. 만일 말씀이 없고 복음에 대한 선포가 없다면 아무리 많은 간청의 기도가 있다 하더라도 성령은 움직이지 않으신다.

창세기 1장으로 돌아가 보면 우리는 성령이 수면 위를 운행하고 계심을 읽게 된다. 그리고 우리는 다음 구절인 "하나님이 가라사대 빛이 있으라"(창 1:3)라는 말씀을 보게 된다. 그 후 성령은 활동을 시작하셨다. 말씀이 선포되었고 성령은 순종했다. 요한복음은 병행구절로

> 만일 말씀이 없고 복음에 대한 선포가 없다면 아무리 많은 간청의 기도가 있다 하더라도 성령은 움직이지 않으신다.

시작된다: "태초에 말씀이 계시니라 … 만물이 그로 말미암아 지은 바 되었으니"(요 1:1~3). 말씀은 삼위일체 하나님의 목소리이다. 아버지께서 명하시고, 아들(말씀)이 말씀하시고, 성령이 행하신다. 이것은 항상 같다. 성령은 아버지의 뜻인 말씀의 목소리에 응답하는 실행자이시다.

이것이 핵심적인 진리이다. 성령은 말씀을 따른다. 오직 말씀만.

최상의 예가 에스겔 37장에서 발견된다. 환상 중에 하나님은 예언자 에스겔에게 해골 골짜기의 '마른 뼈들'을 보여 주셨으며, 다음과 같이 말씀하셨다: "너는 이 모든 뼈에게 대언하여 이르기를 너희 마른 뼈들아 여호와의 말씀을 들을찌어다 … 이에 내가 명을 좇아 대언하니 대언할 때에 소리가 나고 움직이더니 … 생기가 그들에게 들어가매 그들이 곧 살아 일어나서 서는데 극히 큰 군대더라"(겔 37:4, 7, 10). 이스라엘의 비참한 상황은 죽은 뼈들의 골짜기와 같았지만 이스라엘은 말씀으로 다시 살아날 수 있었다. 에스겔은 뼈들 위에 기도하지 않았다. 그는 예언의 말씀을 선포했고 하나님의 영은 그들을 군대로 만들었다.

모든 예언은 성령과 말씀이다. 성령이 나이 든 사람에게 임했고

그들은 말씀을 선포했다. 성령은 우리에게 복을 주거나, 흥분시키거나, 감정적인 체험을 주기 위해 오시지 않았다. 이런 일들은 확실히 일어나지만 성령의 목적은 우리로 하여금 기쁨으로 졸도하게 만드는 것이 아니라 우리에게 불을 주셔서 세상을 변화시키는 것이다.

> 모든 예언은 성령과 말씀이다.

기도는 죽은 교회를 각성시키는 데 충분하지 않다. 성령의 생명을 불어넣는 말씀의 능력이 필요하다. 생명은 살아 계신 말씀으로부터 온다. 우리가 할 수 있는 것과 우리가 해야만 하는 것은 말씀을 전하는 것이다. 하나님의 역사를 위한 기도는 좋지만, 우리가 해야만 하는 것을 그분이 하시도록 하는 기도는 무의미하다. 우리는 그분의 성령을 어디로든 보낼 수 없다. 그분은 우리와 함께 움직이시며, 그분은 우리가 있는 곳에 계신다. 우리는 하나님에게 영혼을 구원하고 복을 주시고 그 후 무엇인가 일어나기를 기다리는 기도를 할 수 없다. 그분은 성령을 고대하는 우리에게 말씀도 함께 보내신다. 그분을 위한 사역과 그분을 위한 영혼 구원은 우리의 특권이다. 힘이나 능력이 없다고 생각하는 사람들을 위한 말씀은 그들의 힘이며 능력이다. 두 가지 중요한 것을 기록한다. 말씀이 없는 성령의 모임은 인간의 모임이고, 기도는 말씀을 위한 대용품이 아니다.

그리스도인들의 은사주의 모임은 성령에 초점을 맞출 수 있다. 우리는 이런 일을 통제할 수 없지만, 교회에게는 손을 얹음, 예언, 기적과 표적을 구함, 귀신을 쫓아냄 및 그리스도 안에 있는 생명의 다른 육체적인 증거들이 전적으로 주어졌다. 참된 기독교 교회는 그리스도 주위에, 십자가 아래에 모인다. 성령은 예수님을 사랑하기 위해 그분과 결속되어 있는 것이지, 극적이고 감정적인 효과를 위해 그분을 찾지는 않는다. 기적이 축복의 정점인 것처럼 우리는 '거룩한 영의 모임' 안에서 능력이 발생하도록 노력할 수 있다. 우리의 야망의 최고점은 예수의 이름을 높이고 영광을 돌리는 것이어야 한다. 그 자리가 성령이 가장 사랑하는 곳이다. 예수는 우리의 노래이며, 함께하는 이유이며, 그분이 계신 곳이고, 성령이 계신 곳이다. 우리는 성령의 사람들이 아닌 예수님의 사람들, 즉 그리스도인들이다. 성령은 예수님을 위해 우리에게 오셨고 우리의 사랑 안에서 예수님을 경배하기 위해 오셨다.

> 하나님의 역사를 위한 기도는 좋지만, 우리가 해야만 하는 것을 그분이 하시도록 하는 기도는 무의미하다.

말씀 앞에 성령을 놓는 것은 잘못된 방법이다. 성령은 말씀 다음에 온다. 성령의 임재를 얻기 위해서는 말씀이 필요하다. 성령은 예수님과 특별히 관계가 있다. 예수님은 말씀하셨다: "그(성령)가 내 영광을 나타내리니 내 것을 가지고 너희에게 알리겠음이니라"(요 16:14). 성령은 자신의 메시지가 아니라 오직 예수님의 메시지를 가지고 오신다. 성령은 말씀에 헌신하는 예수님을 대변한다. 예수님은 말씀이시기 때문에 예수님의 이름으로 하는 기도에 성령은 응답하며, 성령은 말씀을 따른다. 아버지의 뜻은 기록되었고, 말씀인 아들에 의해 선포되며, 성령에 의해 성취된다. 우리는 다른 어떤 방법으로도 성취할 수 없다.

성경은 이런 진리로 가득 차 있다. 예를 들면, 구약성경에서 하나님께서는 시내산에서 말씀하셨다. 그들은 하나님의 목소리를 들었고 하나님의 영은 모세와 장로들 위에 임했다. 신약성경에서 예수님은 말씀하셨고 성령은 병든 자를 치유했다. 예수님께서는 아버지께서 일하신다고 말씀하셨다. 하나님은 무엇을 해야 할지 결심하시고, 예수님은 말씀하셨으며, 성령은 말씀과 함께 앞으로 나아가 기적들을 행하셨다: "하나님이 나사렛 예수에게 성령과 능력을 기름붓듯 하셨으매 저가 두루 다니시며 착한 일을 행하시고 마귀에게 눌린 모든 자를 고치셨으니 이는 하나님이 함께 하셨음이라"(행 10:38).

복음의 증인인 우리는 말씀을 따른다. 성령은 말씀이 선포될 때 말씀을 축복하신다. 말씀은 성령의 능력을 이끌어 낸다. 이것이 복음이 하나님의 능력인 이유다. 복음은 말한다. '복음'이라는 단어는 '좋은 소식'이란 의미지만 단지 말할 때뿐이다. 복음은 책장의 책 안에 있는 단어들이 아니고 우리의 입에 있는 능력의 말씀이다. 이것이 분명하게 발음될 때, 하나님의 능력을 이끌어 낸다.

성경은 그 자체가 증명한다. 성경은 성경이 하나님의 말씀임을 선포하지만 이런 주장은 증명될 수 있다. 만일 말씀과 성령이 함께 간다면, 이것을 주목할 것이다. 시편 119편은 말씀에 대한 위대한 해설이다. 몇몇 구절들은 검증의 여지가 있는 선포다: "이 말씀은 나의 곤란 중에 위로라 주의 말씀이 나를 살리셨음이니이다"(50절), "내가 주의 법도를 영원히 잊지 아니하오니 주께서 이것들로 나를 살게 하심이니이다"(93절), "여호와의 율법은 완전하여 영혼을 소성케 하고"

(시 19:7). 거의 2,000년 동안 이런 선언들은 검증되었고 진리로 증명되었다.

예수님께서는 말씀하셨다: "내가 진실로 진실로 너희에게 이르노니 내 말을 듣고 또 나 보내신 이를 믿는 자는 영생을 얻었고 … 내가 너희에게 이른 말이 영이요 생명이라"(요 5:24, 6:63), "너희가 거듭난 것이 썩어질 씨로 된 것이 아니요 썩지 아니할 씨로 된 것이니 하나님의 살아 있고 항상 있는 말씀으로 되었느니라 … 오직 주의 말씀은 세세토록 있도다"(벧전 1:23, 25).

이런 말씀들은 2,000년의 검증을 거쳤다. 기독교 신앙은 격언, 가르침, 사상이 아니라 인간의 삶을 위한 능력의 근원이다. 말씀은 생명을 가져온다. 이것이 우리가 "말씀을 전파하라"(딤후 4:2)는 명령을 받은 이유다. 우리는 종교적인 시스템으로 개종한 사람들은 아니지만 개종으로 많은 소망이 주었을지도 모른다.

복음은 종교의식도 종교적인 계율도 아니지만 삶을 변화시키는 살아 있는 힘이다. 복음은 말씀이다.

사람들은 올바른 종교에 대해 논쟁할 수 있다. 종교들은 하나님이나 어떤 것에 대한 다른 방법들을 제안하지만 예수님은 하나님에게 가는 그런 방법을 남겨놓지 않으셨다. 그분은 "내게로 오라"(마 11:28)고 말씀하셨다. 그분은 우리가 필요로 하는 무엇이며, 종교는 아마도 무엇에게 가도록 하지만, 그분은 우리의 알파와 오메가요, 우리의 처음과 나중이며, 우리의 시

> 말씀이 없는 성령의 모임은 인간의 모임이며, 기도는 말씀을 위한 대용품이 아니다.

작과 끝이시다.

　이 종교 또는 저 종교가 다른 것보다 낫다고 논쟁할 수 있지만 복음은 오직 하나, 예수님만 제시한다. 그분은 모든 사람에게 자기의 팔을 벌릴 수 있는 유일한 분이다. 어떤 사람이 또 다른 예수를 제시할 수 있을까? 그분은 모든 것이다. 그분은 자기 자신에 대해 말한 분이시다. 그분은 말씀하셨다: "믿는 자는 영생을 가졌나니"(요 6:47). 예수님은 종교가 아니다. 그분은 말씀으로 만나고 말씀으로 사는 삼위일체 중 한 분이시다. 그분은 하나님의 메신저가 아니다. 그분은 메시지이며, 메신저가 그분에게 어떤 것에 대해 말한다. 그분 안에 생명이 있고 그 생명은 말씀을 통해 우리에게 오셨다.

　기름부음 받고 성령 세례를 받은 자들이라 할지라도 하나님의 말씀을 벗어난 삶은 능력을 잃거나 연약해질 수 있다. 그러나 신학은 그렇지 않다. 그것은 묵상, '심긴' 도를 받음, 말씀으로 삶, 믿음의 손으로 말씀을 받게 한다.

　많은 사람들이 그들의 영혼을 붙잡는 말씀이 아무것도 없는 기도 시간을 몸부림치며 보낸다. 이것은 부흥은 기도로부터 온다는 가장 보편적인 선언이다. 개인의 부흥은 어떤 사람이 기도의 승리에서 유래한다고 종종 말해 왔다. 이것을 증명할 수 있을까? 어떤 부흥이 있기 전 누군가가 반드시 기도한다. 왜냐하면 모든 사람들이 특별히 부흥을 위해 기도하기 때문이다. 그러나 말씀이 없는 부흥은 결코 일어난 적이 없다. 전형적인 옛 시대의 부흥은 어떤 사람이 들어 본 적도 없고 전해진 적도 없는 복음의 말씀을 받아들였을 때 시작되었다. 이것은 확신과 회심을 가져왔다. 부흥은 영적인 생수들이 거의 말라 버린 곳에서 터져 나왔다. 복음의 말씀은 반석을 치고, 생수들이 터져 나오고, 생명이 없는 곳에 생명을 가져온다.

사도행전에서 말씀은 성공의 척도다. 우리는 "하나님의 말씀은 흥왕하여 더하더라"(행 12:24)는 말씀을 읽을 수 있다. 이 말씀은 사람들이 말씀을 받아들였다는 의미다. 우리의 사역의 진정한 목적은 말씀의 씨앗을 심는 것이다. 말씀이 있는 곳에 생명과 성장이 있다. 흙은 아무것도 생산하지 못한다. 비밀은 흙 속에 있는 씨앗이다. 씨앗은 예수님께서 얘기하셨던 그 말씀이다.

> 성령이 없는 성경의 메시지는 마음에서 마음으로가 아닌 머리에서 머리로 전달되는 강의로 메마르고 건조하게 만든다.

예수님은 서기관들과 바리새인들이 하나님의 말씀 또는 하나님의 능력을 알지 못하는 잘못을 그들에게 말씀하셨다. 그들은 말씀은 갖고 있었으나 성령은 없었다. 그들은 말씀을 문자적으로 받아들였고, 말씀의 생명력을 고갈시키고, 말씀을 형식과 믿음 없는 가르침으로 메마르게 만들었다. 성령이 없는 성경의 메시지는 마음에서 마음으로가 아닌 머리에서 머리로 전달되는 강의로 메마르고 건조하게 만든다. 성령은 다루는 사람에 의하여 말씀 안에서 억제할 수 있다. 많은 사람들이 성경을 알지만 "믿음이 없이는 기쁘시게 못하"기 때문에(히 11:6) 그들에게는 성령이 안 계시다.

말씀과 성령으로 우리는 그리스도를 위해 세상을 정복할 수 있다. 하나님 자신의 살아 있는 말씀과 성령 이 둘은 전능하다. 그분들은 우리의 근원이며 변하지 않는 우리의 도움이시다: "마땅히 율법과 증거의 말씀을 좇을지니 그들의 말하는 바가 이 말씀에 맞지 아니하면 그들이 정녕히 아침 빛을 보지 못하고"(사 8:20).

Reinhard Bonnke

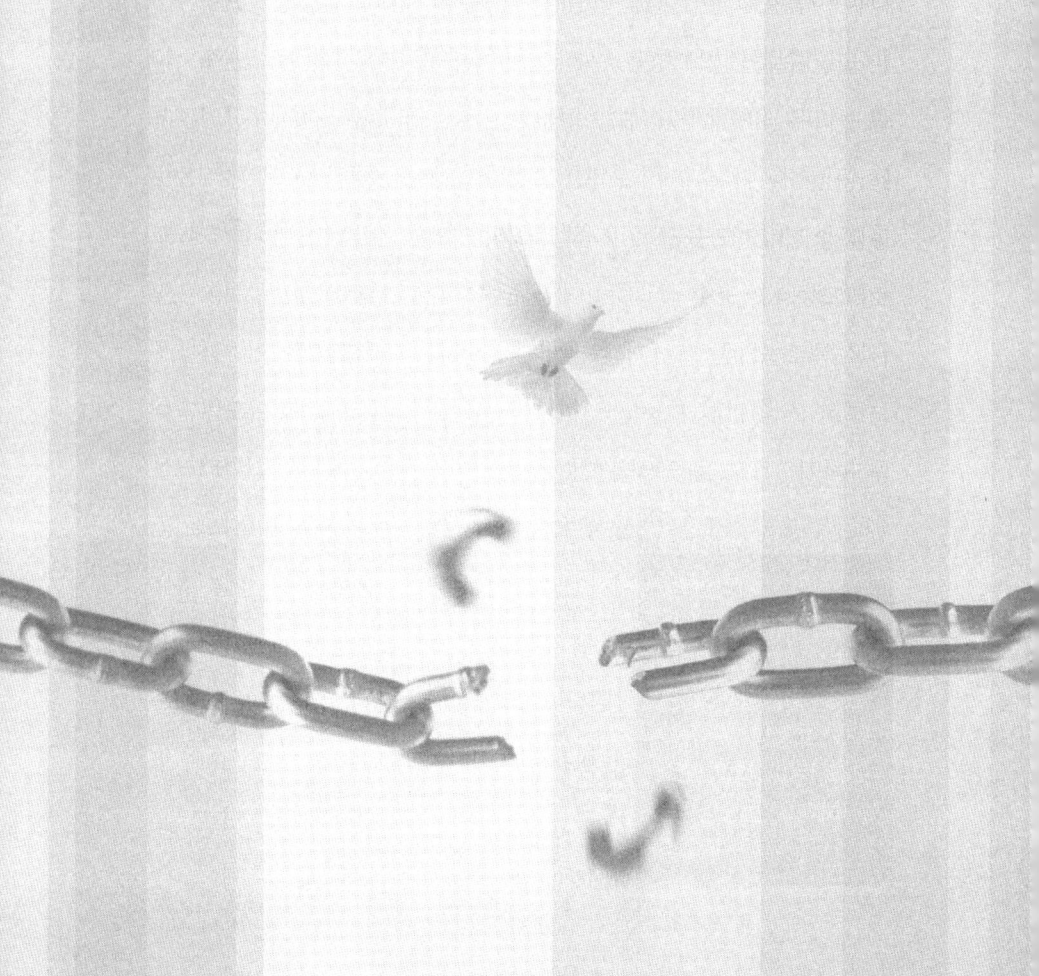

CHAPTER 13

성령 안에서 행함

우리가 성령의 기름부음을 받을 때, 우리는 행동할 수 있고, 우리가 좋아하는 모든 것을 말할 수 있고, 하나님의 뒷받침을 기대할 수 있을까? 우리는 어떤 권위를 갖고 있을까? 또 어떤 행위가 옳으며 어떤 행위가 옳지 못할까?

성령 충만은 멋지다. 우리의 작은 마음은 생각할 수 없는 하나님의 위대함을 위한 영역이다. 하나님의 무한한 실재와 비교하면 우리는 현미경으로밖에 보이지 않는다. 우리의 뜻, 소원들, 심지어 우리의 '권한들'은 모든 것을 포함하는 하나님의 깊은 뜻 안에서 중요하지 않게 보인다. 그럼에도 하나님께서 우리에게 당신의 이름을 말할 수 있는 권한을 주셨다. 이것은 놀라운 관계지만, 그분의 영을 소유한 지금, 우리는 성령으로 원하는 것은 무엇이든지 간절히 바랄 수 있는 독립한 사람일까?

사역이 존재한다고 말한 이후부터 지금까지 우리가 말하는 것은 성령이 존재하느냐 하지 않느냐이다. 냉정한 오만이라고 확신할 수 있을까? 또는 모든 것이 확실하고 틀림없는 성령의 축복일까?

우리는 하나님의 것을 믿고, 성실하고 싶고, 그분의 이름을 말하고 싶다. 이것은 우리가 진정으로 어떤 존재인가 하는 점에서 검증받아야 한다. 우리의 태도는 무엇일까? 우리가 겸손하다고 말하는 것은 우리가 그렇지 않다는 것을 증명하는데, 이것이 바로 겸손한 교만이다. 바울은 자신을 스스로 심판한다고 말했다. 우리도 그렇게 해야 한다. 그렇다면 우리는 어떻게 측정해야 하며 그 기준은 무엇일까?

하나님의 것들을 다루는 유일한 '기준'은 하나님은 어떤 존재이신가이다. 그분의 이름으로 행하기 위해 우리는 그분을 알 필요가 있다. 성경에 많은 사람들이 하나님을 섬겼다. 그들이 어떻게 하나님을 보고 이해했을까?

만일 적절한 경우를 꼭 하나 큰 소리로 말할 수 있다면, 이사야가 하나님을 만나는 장면인 이사야 6장을 말해야 한다. 그는 하나님에 대한 진실을 보았고 그는 '일을 위한' 사람이 되었다. 그것은 이사야가 늘 말한 모든 그의 예언자적인 삶과 메시지를 구체화하는 훈련이었다. 이사야에게 영향을 준 것은 그 비전이다. 그는 높이 들린 보좌에 앉으신 주님을 보았다. 그분은 명확히 설명할 수 없는 경이로움, 생명, 죄 없는 분으로 하늘의 스랍들이 시중을 들지만 대단한 스랍들은 보좌 가까이 있으면서도 얼굴을 가리고 오직 "거룩하다 거룩하다 거룩하다 만군의 여호와여"(사 6:3)하고 창화했다.

이사야 자신에게 있어서 그의 반응은 자기혐오의 하나이다: "화로다 나여 망하게 되었도다 나는 입술이 부정한 사람이요 입술이 부정한 백성 중에 거하면서 만군의 여호와이신 왕을 뵈었음이로다"(사 6:5). 경이로운 하나님의 존재를 본 것이 그의 모든 예언에 영향을 끼쳤다.

> 성령 충만은 멋지다. 우리의 작은 마음은 생각할 수 없는 하나님의 위대함을 위한 영역이다.

이것이 이사야 같이 하나님을 말한 사람이 아무도 없는 이유다. 이사야의 예언은 우리의 생각을 초월한다. 하늘만큼 높은 그분의 생각은 우리가 알고 있는 것과 완전히 다르다. 이사야는 우리가 경외하는 상상할 수 없는 하나님을 이해하게 한다. 그분에게 있어 나라들은 단지 통 속의 물 한 방울이고, 세상에 거주하는 모든 사람들은 한낱 바람에 날리는 메뚜기, 벌레들과 같다.

이사야를 통해 하나님은 자신을 '거룩' 하다고 말씀하셨다: "나는 여호와라 다른 이가 없느니라"(사 45:6). 우리는 하나님이 무엇을 닮았는지 알 수 없으며, 그분을 누구와도 비교할 수 없다: "너희가 나를 누구에 비기며"(사 46:5). 반복해서 그분은 자신을 '나' (I)라고 부르셨고, "나는 나와 같다"(I even I), "내가 곧 그니라"(I am He)라고 강조하셨다. 그분은 자신의 영광을 다른 누구에게도 주지 않을 것이라고 하셨다. 이는 어떤 존재도 그분 곁에서 최상위를 차지할 수 없다는 것이다(사 42:8). 하나님을 섬기는 사람들에게 최악의 유혹은 하나님의 역사를 자신의 영광으로 취하는 것이다. 하나님께서 치유하시고, 하나님께서 구원하시지만, 우리는 아니다. 우리는 단지 그분의 손에 들린 바이올린과 같은 악기지 연주자가 아니다. 만일 우리가 축복을 가져올 수 있다면, 우리는 축복하는 사람이지 아첨받기 위해 축복하는 사람이 아니다. 우리는 그분이 없으면 아무것도 아니다.

이사야가 가졌던 지식은 어떤 오만도 억제한다. 이사야는 하나님을 둘러싸고 압박하지 않았다! 우리도 그렇게 해서는 안 된다! 굳건한 믿음을 갖고 하나님께 외치는 것이 유일한 것이다. 그러나 "그렇게 말하면 하나님께서 그것을 행하실까?"는 분명히 별개다. 우리는 생각하는 대로 행동한다! 하나님은 우리의 값을 매기지 않으시고 무대 중앙에 들어 올려 달라고 그분을 부르는 우리를 위해 대기하지 않으신다.

우리가 어떤 사람에게 하나님을 제의할 수 있을까? "하나님을 더 많이, 성령을 더 많이 가지라?" 우리 모두는 하나님께서 우리를 위해 갖고 계시는 최상의 것을 원한다. 그러나 요점은 하나님의 최상의 것은 바로 사랑의 하나님 그 자신이라는 것이다. 우리는 "나는 남편 또는 아내를 더 많이, 아버지 또는 어머니를 더 많이, 아들 또는 딸을 더 많이 원한다"라고 말할 수 없다. 그들은 사람이지 더 많이 소유할 수 있는 상품이 아니다. 실제로 그들은 하나님과 함께 있다. 하나님의 '더 많이'란 우리, 우리의 생명, 우리의 의지, 우리의 사랑을 하나님이 '더 많이' 가지셨다는 의미라고 할 수 있다. 우리가 하나님을 더욱더 사랑할 때 그분의 사랑을 더욱 잘 알 수 있다.

우리는 불완전하지만 우리가 하나님께 나오는 순간부터 하나님은 완전히 우리의 하나님이 되신다. 하나님은 엄청나셔서 한 번에 무게로 달아 볼 수 없다. 하나님은 우리가 축적할 수 있는, 모을 수 있는,

우리의 상점에 추가할 수 있는 소유물이 아니다. 하나님에 대한 이사야의 환상은 이런 표현들이 그의 생각에서 결코 떠나지 않게 했을 것이다! 거듭 말하지만 우리가 박식한 체할 필요는 없지만 성령 또는 하나님을 더 많이 우리에게 준다는 어떤 사람들의 얘기를 우리가 듣게 되는 것은 사실이다. 사탕의 무게를 달아서 계산대 위로 넘겨주는 것처럼 그들이 기뻐할 만큼 즉시 하나님을 더 많이 그들이 줄 수 있을까? 전능하신 하나님을 마음대로 할 수 있을까?

어떤 사람은 "한 번의 세례와 여러 번의 충만"이라고 말한다. 성령 하나님이 '충만'을 보충할 수 있을까? 성경에 '충만'이라는 단어가 140번 나오지만 그런 말이나 암시는 없다. 하나님께서 우리에게 자신을 '부으실' 때, 그분은 때때로 재충만이 필요한 새는 그릇 같은 우리에게 하나님의 것을 가득 붓지 않으신다. 하나님은 증발하거나 마모되지 않으신다. 썰물과 밀물, 하나님 또는 성령의 상하 관계에 대한 생각은 하나님의 말씀조차 암시하지 못한다. 우리는 동요할 수도 있지만, 하나님은 그렇지 않으시다. 그분은 결코 요동하지 않는 반석이시다. 성령은 영원하신 영이시고, 우리 안에 신성한 본성인 그분의 생명 때문에 영원하다.

> 하나님을 섬기는 사람들에게 최악의 유혹은 하나님의 역사를 자신의 영광으로 취하는 것이다. 하나님께서 치유하시고, 하나님께서 구원하시지만, 우리는 아니다. 우리는 단지 그분의 손에 들린 악기다.

핵심 구절이 에베소서 5장 18절에 있다: "술 취하지 말라 이는 방탕한 것이니 오직 성령의 충만을 받으라." 어떤 해석은 우리가 술 또는 성령으로 취하는 것을 선택할 수 있다고 한다. 이런 해석은 본문과는 맞지 않다. 사람들을 취하게 만드는 것은 너무 많은 술이다. 우리가 하나님을 너무 많이, 끊임없이 소유하는 것은 가능하지 않다.

그러므로 이 구절은 우리가 성령으로 취할 수 있다는 것이라는 의미로 받아들인다. 하나님의 영향력은 우리를 비틀거리게 하거나 쓰러뜨릴 수 있음을 인정해야 한다. 그러나 이 말씀은 술에 취한 결과와 성령으로 취한 것을 동일한 것으로 만들지 않는다. 우리는 이 말씀을 알코올 같이 영향을 미치는 성령은 유사한 것이 아니라 대조된다고 이해해야 한다. 성령은 우리에게 알코올과 같은 영향을 미치지 않는다. 사람들은 마약을 할 때처럼 하나님에 '취함'에 대해 말한다. 이런 말은 의심받을 만한 말이고 헬라어 본문은 분명히 이런 해석을 허락하지 않는다. 술 취함, 취한 상태는 하나님에게 영광을 돌리지 못한다. 하나님은 우리에게 "능력과 사랑과 건전한 생각의 영"(딤후 1:7, NKJV)을 주신다.

에베소서에서 같은 구절은 반복적인 충만을 위해 하나님에게 간구를 권고하기 위해 늘 인용되어 왔고, 헬라어는 '충만한 상태'를 지적한다. 이 말씀에 사용된 헬라어 동사는 현재수동명령형이다. 이것은 우리가 무엇을 하는 것이 아니라, 우리에게 되어짐을 의미한다. 이것은 명령이고 우리에게 주어진 책임이다. 그래서 우리 스스로 채울 수 없기에 우리는 채움 받아야 한다는 것을 알아야 한다. 이것은 우리가 우리 자신을 열어 놓고, 그러한 상태에서 성령이

> '또 다른 오순절'과 같은 것은 없다. 성령은 머물기 위해 오셨다.

끊임없이 우리를 채우실 수 있도록 하면 그분은 그렇게 하신다는 단순한 의미이다. 오직 그분만이 행하실 수 있다. 이런 상태는 성령 세례를 받음으로 시작된다. 우선 당신 안에 '신성'의 일부가 없다면 당신은 어떻게 채워질 수 있을까?

이것은 중요한 진리다. 성령 세례는 영원한 한 번의 체험도 반복되는 체험도 아니다. 우리는 잠시 동안 지속되는 어떤 성령을 받을 수 없다. 만일 그러한 성령을 받은 것이라면 우리는 마치 슈퍼마켓을 정기적으로 방문하듯이 더 많은 공급을 위해 가야만 한다. '또 다른 오순절'과 같은 것은 없다. 성령은 머물기 위해 오셨다. 그분은 마지막으로 이사를 결심하기 전에 몇 번 짧게 방문하는 것처럼 오시지 않았으며, 말도 안 되는 소리보다 더 안 좋은 표현이지만 많은 분량으로 오시지도 않았다. 이것은 진리를 풍자하여 비꼬는 것이다.

물세례는 짧은 순간에 행해지며 끝난다. 그러나 성령 세례는 절대적으로 다르다. 어떤 사람이 우리에게 물로 세례를 줄 수는 있지만 성령 세례는 오직 예수 그리스도만이 주실 수 있다. 이런 능력이나 권한을 갖고 있는 사람은 없다. 이것은 항상 예수님에게만 있는 신성하고 유일한 특권으로 남아 있다. 오직 그분만이 성령으로 세례를 주신다.

우리가 성령 충만할 때, 이것은 댐을 열고, 끝없는 흐름이 시작되고, 순간순간 강과 같이 우리에게 다가온다. 동일하고 무한한 느낌은 우리가 구원을 받았을 때이다. 이것은 영원한 과정의 시작이다. 우리는 "나는 구원받았고(과거), 구원받아 왔었고(현재완료), 구원받고 있고

(현재진행), 구원받고(현재), 구원받을 것이다(미래)"라고 말할 수 있는데, 그 이유는 우리 안에서 역사하는 생명은 영원하고 죽을 수 없는 성격이기 때문이다. 생명은 정지될 수 없다. 생명의 본질은 능동적인 과정이다. 성령은 바람이고 항상 분다. 그렇지 않다면 바람이 될 수 없을 것이다.

임파테이션(impartation, 나누어 줌). 손을 얹는 것은 성경적이다. 예수님은 제자들에게 그들의 손을 병든 사람에게 얹어 치유 사역을 하라고 말씀하셨다(막 16:18). 이것은 일반적으로 실행되었으며, 다른 성경 구절에서 많이 언급되고 있다.[1] 이것을 '임파테이션'이라고 부른다. 치유는 종종 한 사람이 다른 사람에게 사역을 할 때 일어난다. 우리는 지식, 말씀에 대한 이해, 어떤 사람에게 하나님의 복을 가져다주는 복음의 진리를 나누어 준다. 사전은 'impart'를 단순히 '대화하다, 어떤 것을 주다, 분배하다'로 정의한다. 이것은 한 사람이 다른 사람에게 사역하는 우리의 사역을 설명한다.

그러나 우리가 치유를 위한 손을 얹었을 때, 우리 자신이 아플지라도 우리는 치유를 '분배하지' 않는다. 이것은 우리가 치유를 '준다'라고 말할 수 있을지 어떨지 의문을 가지게 된다. 임파테이션은 영적인 축복은 손을 댐으로 줄 수 있고, 한 사람에게서 다른 사람에게로 전달된다고 교리로서 인정되고 있다. '임파테이션'의 이런 의미는 가장 은사주의적이고 오순절적인 사람들에 의해 받아들여지지

---

[1] 막 6:5, 눅 4:40, 13:13, 행 6:6, 8:17~18, 13:3, 19:6, 28:8, 딤전 4:14, 히 6:2

않았다. 교회 용어에서 손을 얹는 것은 성례전이 아니다. 성령 세례를 받은 그리스도인은 성례전이 아니라 의식이라고 말한다. 세례의 두 가지 의식과 성찬식은 육체적인 행위이지 영적인 임파테이션의 의미는 아니다. 하나님께서는 그들이 오직 믿음으로 움직일 때 사용하셨다. 영적인 영향은 하나님 안에서 기도와 믿음 같은 영적인 동기에서만 나타날 수 있다.

'임파테이션'은 다른 면이 있는데, 성령을 임파테이션하는 것과 하나님을 임파테이션하는 것이다. 우리는 도움, 격려, 지혜, 다른 유익을 나누어야만 한다. 우리는 희망과 힘을 줄 수 있다. 그러나 우리가 하나님을 줄 수 있을까? "내가 당신에게 성령을 드렸습니다" 또는

> 성령 세례는 하나님의 기름부으심이다. 이것은 육신의 접촉에 의해서 양도할 수 있는 것이 아니다!

"성령을 받아라"라고 말할 수 있을까? 성령이 우리가 원하는 대로 다른 사람에게 주고 수여할 수 있는 우리의 소유물일까? 하나님이 우리가 그분을 멋대로 전달할 수 있는 그런 공동 재산, 쓸모 있는 재산일까? 우리가 원하는 대로 하나님을 처리할 수 있을까? 위대한 "나다"(I am)이신 여호와가 자신을 누군가에게 주기 위해 설교자를 기다리실까? 전능하신 하나님이 전도자나 성경교사의 지도를 받아 이곳저곳으로 다니실까?: "누가 주의 영을 지도했으며" (사 40:13, NKJV).

임파테이션은 "하나님을 더 많이" 또는 "성령을 더 많이" 원한다는 노래 속에서 분명해진다. 어떤 종류의 하나님에게서 그런 표현이 떠오를까? 하나님께서는 우리의 손을 통하여 다른 사람에게 나누어

> 죽을 수밖에 없는 인간은 하나님을 원하는 사람들에게 하나님을 나누어 줄 수 있는 독점권이 없다. 우리는 인간으로부터 하나님을 받을 수 없다. 우리는 오직 하나님께로부터 받는다. 그분은 자신을 나누어 주는 대리인이 없으시다.

주시기 위해 당신에게 복과 은사를 주시지만, 오직 하나님만 그것을 정하신다. 우리에게는 독립적인 권위가 없다. 예수님께서 말씀하셨다: "너희가 거저 받았으니 거저 주어라"(마 10:8). 그러나 줄 수 있는 모든 것이 우리의 것은 아니다. '하나님을 더 많이' 줄 수 있는 우리의 권위가 어디에 있을까? 이것은 하나님을 1회용 상품으로 만드는 것이다! 하나님께서는 존재하시는 삼위일체 하나님이시지만 어떤 요소는 아니다. 그리고 그분은 분명히 우리의 건방진 지시에 순종하지 않으신다. "내가 성령 받기를 네게 명한다"라고 말하는 것은 하나님에 대해 명령하는 것이며, 적어도 그분을 독재자로 만드는 것이다!

우리는 하나님에게 지시할 수도 없고, 하나님을 사람들에게 줄 수도 없으며, 구호품을 나눠 주듯 사람들에게 능력이나 불을 줄 수도 없다. 특히 단순히 그들에게 손을 대는 것으로도 되지 않는다. 불을 받게 하기 위해 어떤 사람에게 손을 얹는 것은 더 뛰어나고 능력이 있는 것처럼 보인다. 그러나 영적인 불은 하나님이시지, 하나님으로부터 떨어진 불꽃이 아니다. 예수님에 대한 이해와 예수님만이 성령과 불로 세례를 주시는 분이라는 이해는 매우 중요하다. 그분은 아버지와 아들로부터 나서 오셨고 그분들의 뜻에 영광을 돌리기 위해 오셨다. 예수님은 돌아가셨고 다시 살아나셨으며 성령과 불을 우리에게 나누어 주시기 위해, 위대한 수여를 위해 아버지에게로 승천하셨다. 우리는 그분의 거룩한 직임을 강탈할 수 없고 성령의 불을 아무에게도 줄 수 없다.

성령 세례는 하나님의 기름부으심이다. 이것은 육신의 접촉에 의해서 양도할 수 있는 것이 아니다! 손이나 몸짓으로 영적인 복을 전달하려는 노력은 믿음이 아닌 부두교의 미신적 행위이다. 사도들은 회심한 사마리아인들에게 손을 얹었고 그들은 성령을 받았다. 왜냐하면 그들은 이런 일이 일어나도록 기도했기 때문이다(행 8:14~17). 손을 얹는 일은 임파테이션이 아니라 기도하는 몸짓이다.

우리 모두는 성령을 받았다. 그러나 우리 중 누구도 다른 사람보다 존경받을 만한 위대한 사람은 없다. 다른 사람들에게 '나누어 주는' 여분의 능력이나 불같은 특별한 성령을 받은 사람은 없다. 우리의 순수한 기름은 우리들 자신의 등불을 위한 것이지 다른 사람을 위한 것이 아니다(마 25:7~9). 선지자의 생도의 아내가 엘리사에게 왔고 그의 가르침에 따라 모든 가능한 그릇이 기적의 기름으로 가득 채워졌지만 "문을 닫았다". 이것은 그녀 혼자만의 것이다(왕하 4:3~7). 죽을 수밖에 없는 인간은 하나님을 원하는 사람들에게 하나님을 나누어 줄 수 있는 독점권이 없다. 우리는 인간으로부터 하나님을 받을 수 없다. 우리는 오직 하나님께로부터 받는다. 그분은 자신을 나누어 주는 대리인이 없으시다. 우리의 임무는 사역하고, 가르치고, 격려하고, 다른 사람을 위해 기도하는 것이다. 어떤 사람은 뛰어난 능력이 아닌 특별한 능력으로 사역한다. 우리는 "짐을 서로 지"(갈 6:2)고, 믿음을 표현하고, 믿음 안에서 서로를 격려하고, 말씀으로 희망을 가질 수 있다. 우리 모두는 하나님 앞에서 매우 작은 존재들이기에 우리들 사이의 차이점은 거의 눈에 띄지 않는다.

　이것은 우리가 중요하지 않거나 쓸모없다는 의미가 아니다. 우리는 분명히 우리의 경작에서 열매를 본다. 사실 우리가 하나님 앞에서 겸손하게 동행할 때, 우리는 그분 안에서 강력하고 견고한 진을 파하고(고후 10:4) 이 "악하고 음란한 세대"(마 12:39)인 세속적인 세상을 향해 견딜 수 있는 복음의 능력인 성령을 가져온다. 하나님이 우리에게 주신 장비는 우리들만을 위해 디자인된 손을 의미한다. 우리의 작전지역은 최전선에 있고, 하나님으로부터 오는 우리의 보급선은 직접적이고 깨뜨릴 수 없다. 그분은 우리를 돕기 위해 제3의 손을 의지하지 않으신다. 우리의 대장님은 전쟁에서 진 적이 없으시며, 그분의 사람들을 결코 잃지 않으신다.

Reinhard Bonnke

하나님께서 우리에게 자신을 '부으실' 때,
그분은 때때로 재충만이 필요한 새는 그릇 같은 우리에게
하나님의 것을 가득 붓지 않으신다.
하나님은 증발하거나 마모되지 않으신다.

CHAPTER 14

성령의 은사를 더욱 사모하라?

성령의 은사는 고린도 교인들에게 유혹의 일부로 보였다. 그들은 분명히 은사를 사용했지만 바울은 "신령한 것에 대하여는 내가 너희의 알지 못하기를 원치 아니하노니"(고전 12:1)라고 말했다. 분명히 그들은 은사에 대해 무지했거나 적어도 가르침이 필요했다. 은사를 갖고 있음이 우리가 모든 지식을 갖고 있음을 의미하지는 않는다. 성령의 부흥이 시작된 이후 많은 사람들은 가르침을 받아야만 하는데, 이 책이 새롭게 기여하는 책이 되기를 소망한다.

고린도 교인들은 누가 최고의 은사를 받았느냐를 가지고 서로 경쟁했다. 그들은 분명히 "더욱 큰 은사를 사모" 했다(고전 12:31). NIV 성경은 그 초점을 잃고 이것을 명령형으로 번역했다: "더욱 큰 은사를 사모하라." 이것은 읽기 위한 대안으로 이렇게 바로잡아야 한다: "당신은 더욱 큰 은사를 사모하고 있는 중이다(현재진행)." 이것이 이 구절의 의미다.[1] 여기까지는 괜찮다. 그러나 고린도 교인들은 은사를 자랑거리로 만들었고 아마도 이것이 잘못된 곳으로 가는 시작이 되었던 것 같다.

바울은 그들이 더 잘 이해하기를 원했고 이것은 그를 가장 높은 차원으로 이끌었다. 그는 은사를 말리지 않고 더한다: "내가 이제 당신들에게 더 위대한 것을 보여 줄 것인데 그것은 사랑입니다." 사랑을 자랑하면서 경쟁할 수는 없지만, 우리는 사랑 안에서 다른 사람의 사랑보다 더 사랑하도록 경쟁해야 한다: "아무 일에든지 다툼이나 허영으로 하지 말고 … 각각 자기보다 남을 낫게 여기고"(빌 2:3). 바울은 13절을 사랑에 대한 말씀으로 끝을 맺는다: "그런즉 믿음, 소망, 사랑, 이 세 가지는 항상 있을 것인데 그 중에 제일은 사랑이라"(고전 13:13). 우리가 하늘나라에 이르러 우리의 모든 질문에 대한 대답을 받게 될 때, 우리는 사랑이 모든 것이었음을 알게 될 것이다. 바울은 세상에서 가장 위대한 신학자였지만 그가 아는 것을 한 단어로 요약한다면 그것은 사랑이다. 예수님도 율법에 대해 동일한 접근을 하셨다. 사도들만이 그러한 방법으로 말하는 것을 배운 유일한 하나님의 사람은 아니다. 20세기의 가장 탁월한 성경학자 중의 하나인 칼 바르트(Karl Barth)는 그가 아는 모든 것을 어린이들의 찬송 구절로 요약했다: "예수 사랑하심은 거룩하신 말일세 … 날 사랑하심 성경에 써 있네."

사랑이 없으면서 은사를 턱없이 탐내는 것은 장난감을 갖고 노는 어린아이들과 같이 행동하는 것이다: "장성한 사람이 되어서는 어린

---

1) 헬라어 각주를 보라: Zeloute de ta Xarismata ta diermeneuousin. Zeloute는 명령형 또는 직설법 동사이다.

아이의 일을 버렸노라"(고전 13:11, 14:10). 은사는 어린아이와 같은 것이 아니다. 바울은 그것들을 뒤로 버리지 않았다. 사실 그는 "내가 너희 모든 사람보다 방언을 더 말하므로"(고전 14:18)라고 했고 그것에 대

> 바울은 세상에서 가장 위대한 신학자였지만 그가 아는 것을 한 단어로 요약한다면 그것은 사랑이다.

해 하나님에게 감사한다고 했다. 그러나 우리는 하나님의 일을 하는 데 있어서 서로를 경쟁상대로 여겨서는 안 된다. 우리는 서로 성장하도록 격려해야 한다.

성령-충만-표적이 뒤따르는 선포에 대해 비판하는 것들 중 하나는 다른 사람들보다 더 탁월하다고 자랑하는 것이다. 나는 이런 생각이 죄라는 말을 들어 본 적이 없다. 사실은 우리 모두가 다른 은사들을 갖고 있고 우리들 스스로는 그러한 은사를 만들 수 없다. 우리는 우리들이 전에 행한 어떤 것도 자랑할 수 없다. 새들은 날 수 있기 때문에 땅을 떠날 수 없는 죽을 존재들인 우리보다 더 뛰어나다고 평가한다. 그렇지만 새들이 날 수 있는 존재라고 자랑할 수는 없다. 이것은 새들이 그렇게 만들어졌기 때문이다. 우리가 가지고 있는 것은 하나님께서 주신 것이다. 어떤 은사든지 중요하다. 하나님이 성령 세례로 축복한 사람들은 본질적으로 더 나은 사람이 아니지만 단지 그런 은사들로 인해 하나님께 감사드릴 따름이다. 우리 모두는 가장 낮은 위치에서 하나님 앞에 서 있다. 바울은 "나의 나 된 것은 하나님의 은혜로 된 것이니"(고전 15:10)라고 말했다.

세 번째의 천 년인 오늘날, 황량한 로스앤젤레스의 교회에서 그리

스도인들이 방언을 말했다는 뉴스가 전해진 이후 지난 백여 년 동안 우리는 하나님의 역사에 놀라움을 갖고 있다. 부흥은 많은 어두운 날들과 높은 산만큼 깊은 골짜기를 통과했고 많은 변화가 있음을 보았다. 하나님께서는 자신의 사람들 가운데서 역사하고 계시다. 그러나 하나님께서는 변하지 않으시지만 인간은 변하고 하나님의 백성들조차도 변한다. 성령의 기름부음을 받은 증인들은 두 번의 세계전쟁과 세계적인 불경기를 통과했고, 종교적인 쇠퇴와 학자들의 비판적인 태도에 의해 억압받고 있다. 어떤 세계적인 지도자들이나 민족주의자들의 의사 없이 교회의 성장이 나타나는 것은 하나님께서 역사하시고 있다는 증거이다. 이것은 모든 기독교 세계 전체에 충격을 주었다. 그 능력은 아주 분명하다.

은사주의적 갱신

성령의 증거가 입증된 이후에 무엇인가 새로운 것들이 일어났는데, 그것은 바로 은사주의적 갱신 운동이다. 하나 이상의 원인이 있지만 영적인 새 소망은 세계 오순절 컨퍼런스의 총재인 데이비드 두 플레시스(David du Plessis)에게서 나왔는데, 그는 존경하는 나의 개인적인 친구이고 또한 미국의 CfaN 이사회 의장이다. 그는 가톨릭과 다른 교파들을 인도하는 데 성령을 소개하는 일에 부르심을 받았다고 느꼈다. 그는 나에게 스미스 위글스워스가 자기에게 세계의 가장 큰 부흥을 이끌게 될 사람이라고 예언했다고 말했다. 하나님에 대한 새로운 열망은 1960년대 후반과 1970년대 초반의 교회에서 분명해졌고, 특히 성령의 은사가 그렇다. 우리는 런던의 성 바울성당과 '가톨릭 오순절주의자들' 주교들이 제단을 돌면서 춤을 추었다는 기사를 읽었다. 역사적인 교회들에 새로운 생명과 새로운 믿음이 넘쳐흘렀다.

하나님의 은사들을 오늘날 모든 그리스도인들이 사용할 수 있다는 깨달음은 더 큰 소망을 불러일으켰다. 많은 사람들이 하나님과 더 분명한 동행을 원했다. 이것은 영적인 혁명이며 또한 예배, 기쁨, 자유의 신선한 영으로 분명히 나타났다. 성령은 은사를 주신다. 성령은 은사 저 너머의 하나님과 밀접한 친교의 전망을 위해 문을 열었다.

이것은 성령 사역을 증언했던 사람들에게는 사실상 놀라웠지만, 모든 성령의 그리스도인들은 모욕이라고 알려진 삶을 살았다. 일찍이 모욕당했던 사람들이 지금은 존경을 받는다. 실제로 성령 운동은 방언에 대해 남의 이목을 의식하게 하고 자유로운 찬양이 약해지게 하였다. 성령의 사람들을 향한 지속적인 비판들은 그들의 스타일을 억누르거나 가라앉혔다. 그들은 종종 종교적으로 예의 바른 역할 모델로의 중심적인 교회들로 보였고, 아마도 뜨거운 복음 전도는 회심자를 얻는 방법이 아니라고 생각한 것 같다.

그럼에도 성령 충만은 성공회, 침례교, 루터교, 감리교와 형제회를 흥분시켰다. 이들 그리스도인들은 기쁨, 춤, 박수, 오순절에 행했던 것으로 생각되는 것들을 행함으로 충만해졌고, 경멸을 당할까 두려워서 하지 못했던 것을 행했다. 1970년대에 오순절주의자들은 은사주의로부터 자극을 받았고, 그들을 구속하는 의복을 벗어 버리기 시작했으며, 성령의 새 술을 깊이 마셨고, '찬송의 옷을 입기' 시작했다.

은사주의적 운동은 모든 교단의 교회들, 성령의 은사를 받는 교회 생활을 위해 소망을 나누는 교회들과 연결되었다. 은사주의적 운동은 '영적인 은사들을 갈망' 한다. 고전적 오순절 교회들은 은사를 오랫동안 즐겨 왔지만 오직 언어적인 나타남, 즉 방언들, 통변 그리고 예언만을 했다. 성경을 찾아보면 은사주의자들은 독자적으로 지식의 말씀과 치유의 은사 등 다른 나타남에 강조를 둔 것을 볼 수 있다— 고린도전서에 바울이 기록한 세 가지가 아닌 아홉 가지 은사들.

성령 충만의 실천

고전적 오순절주의자들은 어느 정도 동의한 신조가 있었지만, 성령의 근본적인 진실이 다양하게 결합하는 다른 면이 많이 있었다. 많은 나라를 가로질러 성령의 가르침은 지역적 또는 국가적, 종교적인 관습들과 밀접하게 결합될 수 있었고, 게다가 가르침 그 자체의 새로운 방법, 수단, 특성이 탄생하기도 했다.

어떤 공통적인 특징이 교회들이 서로 속할 자격을 줄까? 모든 교회에 성령 운동을 묘사하는 동일한 것이 있을까? 이것은 있을 법하지는 않지만, 믿을 수 없게도 진실에 근접한 일이 일어났다. 세계적인 권위자인 학자 발터 홀렌베거(Walter Hollenweger) 박사는 그의 책「오순절」(The Pentecostals)에서 그들에게는 공통점이 없지만 그는 어떤 중요한 변화를 찾기 위해 도처에 손을 뻗어야만 했음을 보여 주기 원했다. 사실 성령은 천 개의 교단을 하나로 만드셨고 멀리 떨어진 대륙에서조차 협력하게 만드셨다. 이것은 성령에 의한 진정한 연합 운동의 실례이다. 성령 충만은 가족이라는 표시이다. 초기의 비판들은 이 운동이 분열을 가져오는 (함부로 단정된) 경향이 있다고 공격했지만, 사실 이것은 세포 분열, 번식, 다양한 다른 기관의 몸을 만듦으로 모든 성장하는 존재들의 생명의 표시이다.

고린도전서 12~14장

고린도 교회의 상황을 완전히 알 수는 없다. 고린도는 로마의 도시였지만 헬라의 영향을 받고 있었다. 예배를 위한 그들의 모임은 오늘날 어디에나 있는 일상적인 교회의 형태와는 완전히 달랐다. 바울은 예배를 그렇게 말하지 않을지라도 한 장소에서 "온 교회가 함께 모여"(고전 14:23)라고 말했다. 시간과 길이가 형식적 또는 조직적인 우리들의 예배 진행과 같았는지 아닌지는 확실하지 않다. 많은 사람들은 종이었고, 그렇기에 자신을 완전히 드러내기는 어려웠을 것이다. 종이 아닌 사람들과 보다 유복한 사람들은 함께 하루를 보낼 수 있었다. 우리는 그들이 음식을 가져왔고 그리스도인의 모임에서 함께 좋은 음식을 나누었다고 알고 있다. 그들은 오늘날의 도시화된 성도들과는 다른 사람들이고, 그들 자신의 일을 하는 경향이 더욱 많았을 것이다. 바울은 그의 편지에서 일하는 데 어떤 질서를 위해 애썼고 이런 말씀을 적용할 때 사람들이 이해할 필요가 있다고 썼다. 그들은 아주 다른 사람들을 위해 아주 다른 시대에 아주 다른 장소에서 의도되었다.

만일 우리가 바울의 지도를 법으로 받아들여서 영적인 현상을 다루기 시작한다면, 이것은 모든 법과 함께 율법적으로 피할 수 있을 것이다. 예를 들면, 만일 (바울이 말하지 않았지만) 예배마다 오직 세 명까지만 예언할 수 있다면, 예배는 공식적으로 끝난 것이고 세 명 이상을 허락하기 위해서는 즉시 다른 예배를 시작하여야 할 것이다!

진지하게 말하면 고린도 교인들의 모임을 위한 그의 규칙 뒤에는 어떤 확실한 원리들이 있다. 우리는 여기서 아마도 그것들을 검토해야 한다.

"말하고 다른이들은 분변할 것이요"(고전 14:29). 문제는 얼마나 많은 예언이 주어졌는가가 아니라 그것을 어떻게 다루는가이다. 바울은 이 기록에서 몹시 걱정하고 있다. 예언을 멸시하는 것이 아니라 헤아림을 받아야 한다고 말한다: "예언을 멸시치 말고 범사에 헤아려 좋은 것을 취하고"(살전 5:20~21). 예언을 말하는 능력은 평범했고 모든 사람이 동시에 말하기 원해서, 때로는 너무 경박스러워 바울은 다음과 같이 말했다: "하나씩 하나씩 예언할 수 있느니라"(고전 14:31, 단지 셋만이 아니다!) 그는 예언하기를 격려했지만 성령에 의한 선포는 우리들 자신이 개인적인 심판을 받을 것이라고 강한 어조로 강조했다. 예언은 모든 교단에서조차 실수, 분파, 분열이 일어나는 주된 쓴 뿌리가 되어 왔다. 흔한 어떤 확증은 없지만 남녀가 나타나고 그들 자신이 한 말을 혼자서만 믿는다.

만일 어떤 사람이 그리스도인들의 모임, 예배, 컨퍼런스, 또는 두세 사람이 모인 곳에서 예언을 했다면, 그것은 어떤 확증 없이 공식적으로 수용되어서는 안 된

> 만일 우리가 말씀을 완벽하게 안다면, 우리는 하나님께서 강제적인 명령이나 단호한 명령을 예언이나 다른 어떤 방법으로 주신 적이 없음을 읽게 될 것이다. 그분은 인도자시지 훈련 담당 하사관이 아니다.

다. 한 사람이 예언으로 교회의 지도를 받는 것은 합법적이지 않다. 회중들이 예언을 따라 어떤 행동을 하게 될 때, 그들은 판단력이 없고 하나님의 말씀을 벗어난다. 이런 예언들은 사도들 시대에는 용납되지 않았다. 하나님께서 지혜를 주시고 그것은 예언에 틀림없이 적용되어야 한다. 예언의 말씀이 주어질 때 사람들은 그들 자신이 판단할 수 있는 권한을 가지고 있다. 예언을 다루는 올바른 길은 어떤 방법으로든 점검해 보는 것이고, 그러고 나서 오직 '좋은 것을 취해야' 한다. '좋다' 라는 단어는 그것이 마치 성경 말씀인 것처럼 합법적이고 구속하는 어떤 힌트를 포함하지 않는다.

예언자가 하나님의 사람이라 할지라도, 절대 틀림없는 예언은 없다. 아가보는 유대인들이 바울을 예루살렘에서 결박할 것이라고 말했지만 그들은 그러지 않았다. 그렇게 한 것은 로마인들이었다. 바울은 많은 예언을 무시했는데, 하나님이 그에게 보여 준 길로부터 그를

다른 곳으로 이끌 수도 있었기 때문이다.

이것은 결단이나 행동을 위해 유리한 방향으로 은사를 잘못 사용하는 것이다. 이런 일은 사도행전에서는 결코 발견할 수 없다. 이런 말하는 능력은 하나님의 영광을 위해, 성도를 온전케 하기 위해, 책망하기 위해, 위로하기 위해서다. 이유는 분명하다. 하나님은 우리가 해야 할 일을 지시하지 않으신다. 왜냐하면 우리는 자유의지를 가진 그분의 형상으로 만들어졌기 때문이다. 그분은 우리를 복으로 테스트하시지만 또한 우리의 의지와 결정을 존중하신다. 그분은 우리의 개인적인 일들에 대해서 계시하지 않으시지만, 복을 약속하시고 우리가 하는 일마다 번영을 약속하셨다. 하나님께서 우리를 위해 우리들이 결심하도록 만들 것이라고 약속하지 않으셨다. 우리가 하는 것은 우리들 자신의 의지에 의한 것이지 하나님의 명령에 의한 것이 아니다. 하나님께서는 우리가 행한 일에 대해 책임지시지 않는다.

이런 일에 대한 다른 측면은 그분의 약속된 인도하심이다: "여호와께서 사람의 걸음을 정하시고"(시 37:23). 자기 의지는 자유와 다르다. 하나님께서 우리를 인도하시기 전에 우리가 원하는 대로 갈 수 있게 허락하신 것은 대단히 신비스러운 일이 아니라 사랑스런 확신이다. 물론 우리가 가기를 원치 않는다면 우리를 전혀 인도하실 수 없다. 배를 조정하려면 먼저 출항해야 한다. 우리는 걷는다. 그러나 성령 안에서 걸어야 성령에 의해 인도함을 받을 수 있다. 이것은 우리들의 모든 신앙생활, 기도, 성경 읽기, 사역, 친교, 순종에 대한 문제이다. 하나님께 속해 있지만 여전히 우리의 것이고, 영적이거나 목회적인 압제아래 놓여 있지 않다. 왜냐하면 "아들이 너희를 자유케 하면 너희가 참으로 자유하리라"(요 8:36).

이런 일은 남자가 여자에게(또는 반대로) 말하기를 "하나님께서 우리가 결혼해야 한다고 말씀하셨다"거나 또는 예언을 받았다고 말할 때 종종 일어난다. 이것은 영적인 것을 오용하는 것이다. 거의 모든 사람들이 하나님이 자신을 위해 아내 또는 남편을 대기시킨다고 일반적으로 추측하는 것은 이상하다. 하나님께서는 혼담을 성립시키지 않으신다. 우리는 기도할 수 있고 주님께서는 분명히 그 일에 관계하실 것이다. 그분은 결혼하게 하실 수도 있고 모든 것에 복을 주실 수 있으시지만, 하늘은 결혼상담소가 아니며 하늘에서는 결혼을 하지 않는다. 하나님은 우리가 배우자를 만나도록 주선하지 않으신다. 우리의 모든 결정은 심판의 대상이다. 하나님께서는 우리를 위해 결정하지 않으시며 우리가 결정한 것에 대해 비난받으시지도 않는다. 잘못된 결혼은 우리의 실수지 그분의 실수가 아니다. 우연의 일치와 누군가의 예언은 인생의 동반자를 찾는 그런 중요한 결정을 위한 기준으로 적당하지 않다. 이 문제에 대해 어떤 사람이 우리에게 준 '주님의 말씀'은 매우 조심스럽게 다루어야 하고, 다른 확증이 없다면 완전히 무시해야 한다. 그와 같은 결혼은 알고 보면 하늘의 것이 아닌 이 세상의 것이다. 지혜와 선견지명에 대한 영적 지름길은 없다.

만일 우리가 말씀을 완벽하게 안다면, 우리는 하나님께서 강제적인 명령이나 단호한 명령을 예언이나 다른 어떤 방법으로 주신 적이 없음을 읽게 될 것이다. 그분은 인도자시지 훈련 담당 하사관이 아니시다. 하나님께서는 우리의 삶을 강요하지 않으시고 동시에 우리에게 자유의지를 주신다. 하나님께서는 우리의 삶을 위한 계획이 있다고 자주 말씀하신다. 그렇다. 궁극적인 의미에서는 그렇다. 왜냐하면 그분은 우리를 빚으시는 토기장이시기 때문이다. 그러나 그분은 청사진을 갖고 계시지 않으며 이상적인 방향이나 목표도 없으시기 때문에, 우리가 먼저 발견해야 하고 그 후 한 걸음 한 걸음 따라가야 한다. 그분이 추천하는 유일한 길은 의의 길이다. 그 길에서 우리는 잘못을 범할 수도 있고 비틀거리며 여러 번 넘어질 수도 있지만 우리는 아직 영광을 향해 가고 있다는 한 가지 확신을 할 수 있다.

Reinhard Bonnke

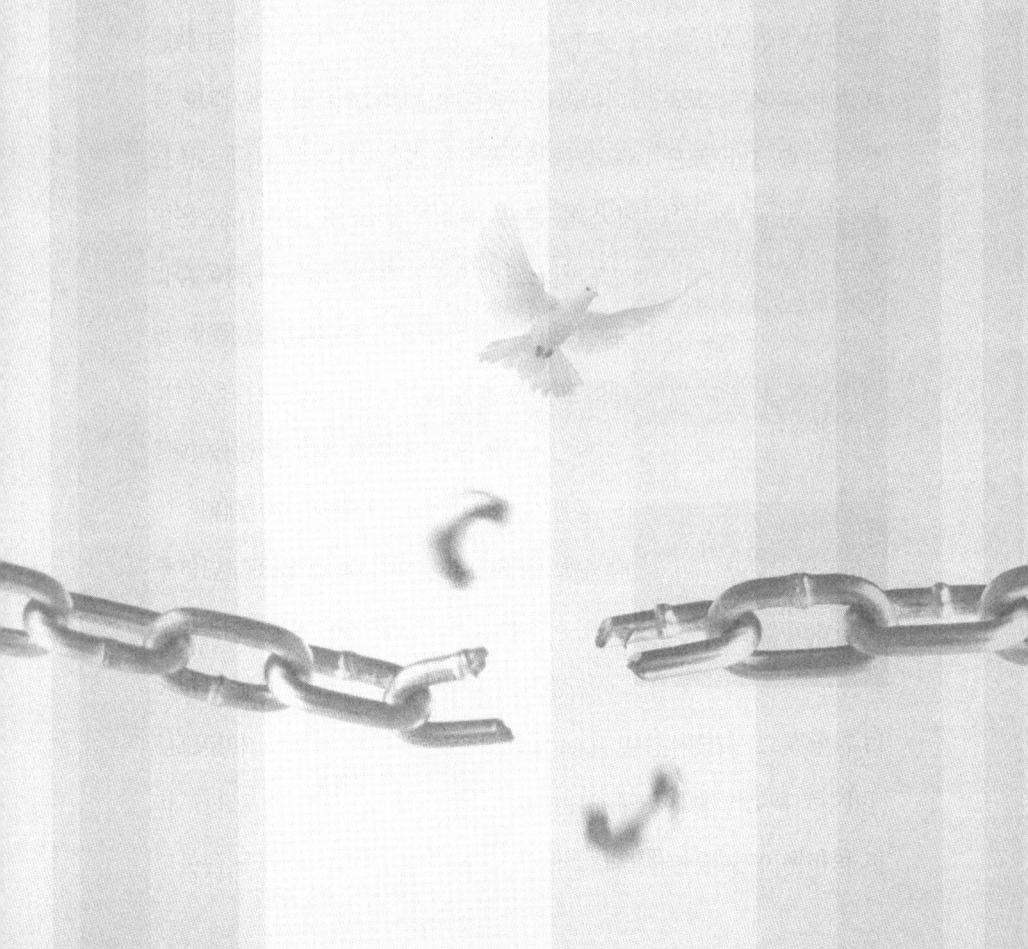

기독교는 성령의 초자연적인 역사하심이다.

일찍이 천국에 간 사람들에게 전달된 믿음은

육체적인 증거를 동반하는 기적의 구원,

기적의 복음이다.

CHAPTER 15

은사란 무엇인가?

바울은 '은사'에 대해 일반적인 단어를 사용하지 않았다. 왜냐하면 그가 의미하는 '은사'란 아주 특별했다. 그는 모든 사람이 사용하는 '선물'(헬라어 doron)이라는 일상적인 단어를 피한다.[1] 고린도전서 12장은 우리가 '은사'에 대해 어떤 것을 말하거나 또는 우리가 흔히 이해하는 단어로 전혀 말하지 않는다.

이 장은 '영적인 은사'로 시작하지만 '은사'란 단어는 사실상 헬라어 원문에는 없다. 실제적으로 그 단어가 의미하는 것은 '영성들'(spiritualities) 또는 '영적인 것들'(spiritual things)이거나 또는 '영적인 사람'(spiritual people)이다.

이 독특한 '은사'라는 단어는 바울 자신만의 용어인데, 그것은 모

---

1) 바울이 말하는 은사란 프뉴마티카(pneumatika)와 카리스마타(charismata)이다. 그는 카리스마타를 더 좋아했지만 고린도 교인들에게는 자신의 신비한 종교를 표현하는 데 사용하는 영적인 프뉴마에 대해 말하기를 좋아했다. 그래서 바울은 그들의 이해를 돕기 위해 그리스도인들의 모임에서 그들에게 친숙한 단어를 사용했다.

든 사람이 알고 있는 단어인 은사(charisma), 곧 '은사주의' 운동(charismatic movement)이다. 바울은 그의 가르침에서 이 단어를 100번 사용했다. 카리스(charis)라는 단어는 은혜를 의미하며, 이것은 무료로, 노력 없이 받은 선물을 뜻한다. 성경에서의 은혜는 하나님의 호의이다. 그분은 "은혜와 진리가 충만한"(요 1:14) 은혜의 하나님이시고, 우리에게 웃으면서, 팔을 넓게 벌리시고 풍요한 보화로 가득 찬 두 손으로 다가오시는 분이시다.

'영적인 은사'(pneuma)는 은혜의 선물들(charismata)이다. 다른 은혜의 선물들이 많이 있다. 하나님과 함께하는 모든 것은 은혜로 인한 것이다. 그리스도 자신이 하나님의 은혜의 선물이다. 모든 은혜의 은사들이 기적의 은사는 아니지만 모든 기적의 은사들은 은혜의 은사들이다. 카리스라는 단어는 카라(chara, 기쁨)와 연관이 있다. 주님께서는 기쁨의 하나님이시다. 이것이 그분의 성향이다. 성령의 은사들은 기쁨의 은사들이다.

바울은 성령의 세 가지 활동을 나열했다. 모두 같은 성령에 의한 은사들(gifts), 봉사들(services), 역사들(workings)이다: "은사는 여러 가지나 성령은 같고 직임은 여러 가지나 주는 같으며"(고전 12:4~5). 우리의 활동들은 성령의 활동이 아니라면 거의 성취할 수 없다. 예수님께서 말씀하셨다: "나를 떠나서는 너희가 아무것도 할 수 없음이라"(요 15:5).

성령의 은사는 재능이나 타고난 천부적 소질이 아니다. 한 사람의 타고난 능력을 '영적인 은사'라고 부를 수는 없다. 영적인 은사는 하나님에 의해 좌우된다. 하나님께서는 어떤 사람을 통하여 역사하실 수 있다. 그분은 언어학자, 훈련받은 지혜로운 상담자에게만 방언의 은사를 주시거나 또는 의사에게만 치유의 은사를 주시지는 않는다. 그분은 우리를 탁월하게 만들 필요가 없으시다: "어린 아기와 젖먹이들의 입에서 나오는 찬미를 온전케 하셨나이다"(마 21:16). 비슷한 일이 사도행전 2장 4절에 발생한다. 제자들은 성령이 말하게 하심을 따라 방언으로 말을 했다. 하나님은 우리의 행동, 곧 우리를 통하여 행하신다. 만일 어떤 사람이 아무 일도 하지 않는다면, 하나님께서도 그와 함께 아무 일도 하지 않으신다. 그럼에도 불구하고 그분은 세상에 복을 주실 방법을 찾고 계신다. 만일 우리가 하나님께서 원하시는 일을 하지 않는다면, 그분은 다른 사람을 찾으실 것이다.

우리가 조심스럽게 읽어 보면, 우리는 은사가 아닌 "각 사람에게 성령의 나타남을 주심"(고전 12:7)을 볼 수 있는데, 우리가 나타남의 은사라고 부르기를 원하지 않는 것은 당연하다. 다른 것이 있을 수 있지만 아홉 가지 나타남이 기록되어 있다. 바울은 목록 만들기를 좋아했다. 그는 기록했다: "어떤 사람에게는 성령을 통하여 지혜의 말씀(의 나타남)을 주시고 또 어떤 사람에게는 같은 성령을 따라 지식의 말씀(의 나타남)을"(고전 12:8, NKJV). 각각의 말하는 능력은 나타남이다. 이것은 주어지는 것이다.

어느 누구도 의지나 요청으로 지식의 말씀의 은사를 오게 할 수 없으며, 성령의 진정한 뜻은 의지나 요청에 의해 나타나지 않는다.

그럼에도 불구하고 확신하는 사람이 대개 다른 사람들보다 더 확

> 모든 은혜의 은사들이 기적의 은사는 아니지만, 모든 기적의 은사들은 은혜의 은사들이다.

실한 나타남을 경험할 때 사역은 존재한다. 이것을 '은사'라고 부를 수 있다. 우리는 "어떤 사람에게는 성령을 통하여 지혜의 말씀을 주시고 또 어떤 사람에게는 같은 성령을 따라 지식의 말씀을" 주신다는 말씀을 읽는다. 이것은 보통 이 사람 또는 저 사람에게 그런 말씀들이 주어지고, 확신하는 사람들과 관련되어 나타나는 확실한 은사들은 오늘날의 체험과 일치한다. 우리는 우리들의 교회에서 그와 같은 것을 실제로 본다. 교회 모임에서 특별히 개인적으로 방언을 말하거나 다른 사람들에게 예언하는 것은 평범한 것이다. "다른 이에게는 각종 방언 말함을"(고전 12:10) . 이 성경 구절은 다른 시간에 다른 언어를 말하는 또 다른 은사를 주목하도록 넌지시 말한다.

바울이 "다 방언을 말하는 자겠느냐"(고전 12:30)라고 질문할 때, 단순한 대답은 일반적으로 "그렇다"이다. 방언은 모든 사람을 위한 성령의 특별한 표적이지 때때로 일어나는 사건이 아니다. 그러므로 그는 그렇게 의도하지 않는다. 사실 그는 "나는 너희가 다 방언 말하기를 원하나"(고전 14:5)라고 말한다. 이 구절은 주로 고린도 교회에서 일어나고 있는 일과 그들의 모임과 연관성이 있다. 방언의 '은사'는 그 당시 입으로 말하는 능력이다.

이것은 중요하다. 성령은 누구에게나 나타남을 줄 수 있다. 누군가 확실한 나타남의 사역을 할 수 있지만, 그들에게는 배타적인 은사나 권한이 없다. 확신하는 사람은 믿음으로 치유하는 주목할 만한 사역을 발전시킬 수 있지만, 그들에게는 그것을 행하는 배타적인 권한이 없다. 하나님께서는 때로 그런 정규 예배를 드리지 않는 사람들을 통해서도 치유하실 수 있다.

그러나 사역할 때 이것은 인정되어야 한다. 성경에 '병(단수) 고치는 은사(단수)'는 언급되지 않는다. 성령은 "어떤 사람에게는 병(복수) 고치는 은사(복수)들을"(고전 12:9, NKJV) 주신다. 이것은 5절의 직임의 하나로 표시되었다. 누군가 부름을 받고 치유의 사역에 헌신했을 때 하나님께서는 그것을 인정하신다. 하나님께서는 당신의 뜻에 따라 믿음으로 전진해 가는 사람들에게 복을 주신다.

중요한 것들을 기록해 보면, 약속은 "어떤이에게는 한 성령으로 병 고치는 은사를"(고전 12:9)이다. '은사들'은 복수로 되어 있고, '병 고치는'도 복수이며 세 번 언급되었다. 모든 영적이고 은사주의적인 은사들처럼 이런 병 고치는 은사들, 복수

> 하나님은 우리의 행동, 곧 우리를 통하여 행하신다. 만일 어떤 사람이 아무 일도 하지 않는다면, 하나님께서도 그와 함께 아무 일도 하지 않으신다.

의 치유들은 성령의 나타남이고, 분명히 어떤 개인을 통해서 나타남을 의미한다. 우리는 성경에 언급되지 않은 '병(단수) 고치는 은사(단수)'에 대해 이야기하고 있지만, 엄격하게 말하자면 치유(단수)는 병든 사람에게 주어지는 선물(단수)이다. 예를 들면, 요한과 베드로는 성전에서 앉은뱅이를 만났을 때 말하기를 "내게 있는 것으로 네게 주노니"(행 3:6)라고 했다. 그들은 앉은뱅이를 위한 선물인 치유를 갖고 있었고 그에게 그 선물을 주었다. 각각의 치유는 선물이고 성령의 나타

나심이다. 우리는 독립적으로 치유의 능력을 발휘할 수 없다. 각각의 치유는 하나님의 뜻에 의한 것이고, 믿음과 믿는 자들의 섬김을 통해 이루어진다.

베드로와 같이 하나님이 치유의 '은사' (또는 나타남)를 주시기 위해 선택한 사람들은 치유를 줄 수 있다. 그러나 어떤 사람, 사실은 모든 사람이 예수의 이름으로 치유할 수 있고, 사실은 그들이 구원받지 못한 사람들에게 증거할 때 그렇게 해야만 한다. 하나님이 없는 사람에 대한 우리의 개인적인 증거는 마가복음 16장 15~20절에 근거한 말씀의 확증인 기적적인 회복을 동반할 수 있다.

> 각각의 치유는 선물이고 성령의 나타나심이다.

모든 나타남은 성령에 의한 것이고, 성령은 말씀에 의한 것 이외에는 어떤 것을 하도록 밀어붙이거나 억지로 시킬 수 없다(11장 참조, 여기에서는 말씀과 성령 사이의 관계를 다루고 있다). 그분은 엉뚱하거나 무례한 태도를 인정하지 않는다. 그분은 오직 말씀에만 응답하시지 그들이 무엇을 원하든지 불손한 선언에 대해서는 응답하지 않으신다.

아무도 다른 사람에게 '은사'를 줄 수 없다. 은사들은 그러한 것이 아니다. 때때로 은사는 하나님의 뜻에 의해 나타나고 아무도 다른 사람에게 나타남 같은 것을 줄 수 없다. 사람들은 그들이 선택한 은사를 받기 원하면 앞으로 나오라고 초청을 받는다. 하나님에 대한 성경의 전체적인 개념처럼 무시당하는 것은 없을 것이다. 우리가 상상하는 놀라운 선물을 다른 사람에게 넘겨주기를 기다리면서 카운터에 앉아 계신 하나님이 아니시다. 은사들은 하늘과 땅을 만드신 성령의 역사하심이다.

'당신의 은사를 발견하기'에 대해 말하는 사람들이 있다. 이 경우에 이것은 타고난 은사나 재능을 의미하는 것이고, 우리는 그것이 무엇이든 하나님의 영광을 위해 발전시킬 수 있다. 그러나 성령의 초자연적인 은사는 매우 다르다. 우리는 그것을 '발견'할 필요가 없지만 바울이 디모데에게 경고했듯이 그것을 무시할 수 있다. 우리는 은사 발견이 아니라 '은사 활용'을 위해 서로 권면해야 한다. 왜냐하면 아무도 성령의 능력을 소유할 수 없다는 것을 분명히 알지 않는가?

은사와 함께 소망과 기회가 온다. 하나님은 은사들을 스카우트 배지처럼 우리에게 주신 것이 아니다. 은사들은 그분을 섬기는 사람들을 위해 존재하고 그런 섬김을 위해 알맞다. 하나님은 '은사', 힘, 우리에게 필요한 능력이 무엇이든지 우리를 인도하셔서 추수 벌판의 입구에서 우리에게 주실 것이다. 그분은 필요와 환경에 따라 주신다.

이것은 모두 그분의 것이다. 우리는 믿음으로 나아가지만 말씀이 허락하시는 것 외에는 아무것도 할 수 없다. 성령은 오직 말씀에만 순종하시기 때문이다.

기독교는 성령의 초자연적인 역사하심이다. 일찍이 천국에 간 사람들에게 전달된 믿음은 육체적인 증거를 동반하는 기적의 구원, 기적의 복음이다. 초자연적인

> 은사와 함께 소망과 기회가 온다. 하나님은 은사들을 스카우트 배지처럼 우리에게 주신 것이 아니다. 은사들은 그분을 섬기는 사람들을 위해 존재하고 그런 섬김을 위해 알맞다.

것은 오직 성령이고 오직 말씀만을 따른다. 우리가 성경을 읽든 안 읽든 초자연적인 복음을 빼앗긴 곳을 찾는 것은 불가능하다. 예수님은 십자가에서 벌거벗겨졌다. 우리는 감히 그분의 전능하심, 약속들, 긍휼하심을 빼앗긴 예수를 소개할 수 없다. 군중들을 하나님의 말씀을 한구석으로 몰아내고 그들의 십자가는 단지 교회의 벽에 그려진 그림처럼 속임수, 광고 또는 프로그램으로 싫증나게 할 수 있다.

하나님의 말씀은 영적인 이론 그 이상의 것이다. 주님은 그분에게 속한 사람을 알고 계시고, 누가 사악한 행위로 등을 돌리고 있는지를 아시고, 향락적인 삶을 살지 않기 위해 선택을 받은 사람 또는 교회를 쾌락의 집으로 바꾼 자를 알고 계신다. 이것은 모두 예수님을 위한 것이며, 예수님은 우리를 위한 모든 것이다.

약속은 우리를 위해 존재하며, 우리의 자녀들과 먼 데 있는 사람들을 위한 것이다(행 2:39). 만일 우리가 사도들이 행한 대로 행한다면, 우리는 사도들이 얻은 것을 얻게 될 것이다. 하나님의 선물은 누구나 가질 수 있다.